辽金卷·人物

中国历史知识小丛书

《历史上的》

金兀术

ZHONGGUO LISHI ZHISHI
XIAO CONGSHU | 景 爱◎著

以史为骨，以实为肌，以事为络
名家著作，还历史原貌

中国社会科学出版社

图书在版编目（CIP）数据

历史上的金兀术/景爱著.—北京：中国社会科学出版社
2014.1修订重印
ISBN 978-7-5004-6722-9

Ⅰ.历… Ⅱ.①景… Ⅲ.金兀术—人物研究 Ⅳ.K825.2

中国版本图书馆CIP数据核字（2008）第012894号

出 版 人	赵剑英
责任编辑	丁玉灵
责任校对	刘　智
责任印制	王　超

出版发行	中国社会科学出版社
社　　址	北京鼓楼西大街甲158号（邮编100720）
网　　址	http://www.csspw.cn
	中文域名：中国社科网　010-64070619
发 行 部	010-84083685
门 市 部	010-84029450
经　　销	新华书店及其他书店

印刷装订	北京市兆成印刷有限责任公司
版　　次	2013年4月第2版
印　　次	2014年1月第3次印刷

开　　本	710×1000　1/16
印　　张	14.25
插　　页	2
字　　数	221千字
定　　价	27.50元

前言

　　中国是一个统一多民族的国家。中华民族是今天居住在我国广大领土内，以汉族为主体的五十六个民族的共同称谓。这个多民族共同体的形成，有一个历史发展过程。早在元朝纂修的前代历史，就将辽、宋、金各著专史，同等看待。我们辽金契丹女真史学会首任会长陈述先生，称辽宋金这一时代为"后南北朝"。我的老师张博泉先生所著《中华一体的历史轨迹》一书，称此时为"前中华一体"。

　　女真人也是中华民族大家庭中历史上的一个成员，今日的满族人就是当年的女真人。况且不仅某些汉族人融有北方民族的血液，如今在甘肃平凉泾川县发现有完颜村，在北京发现有金世宗的后代，在福建、台湾也发现有女真粘割氏的后人。

　　金兀术（完颜宗弼），他参与了金宋战争的全过程，晚年主持金国朝政，与南宋停战言和，签订了"绍兴和议"。他自然成为金宋时期，对中国最有影响人物之一。他不仅是女真人的杰出人才和金王朝的开国功臣，也是中华民族历史上的英雄人物。

　　景爱先生所著的《历史上的金兀术》一书，是第一部有关金兀术的传记。完整地全面地记述了金兀术一生成长的历程和他在中国历史舞台上的活动。既记述了他的勇敢善战，他的治军治国，也记述了他纵兵杀掠和战败北归。广搜史实详加梳理，所言皆有根有据实话实说，成败起伏皆无所隐，堪称"实录"新编。读起来既通俗又生动，实为当前难得一见的历史人物传记。

　　如何历史地正确地认识金兀术，如何清除某些旧有戏文或鼓词乃至著作

中的某些错误观念，读读景爱先生这部《历史上的金兀术》，或许会给你一把拨开这层迷雾的钥匙，有助于加强各民族的团结，构建社会主义的和谐社会。

　　景爱先生是我大学的同窗。他聪明刻苦、勤奋好学、思想开放、治学严谨，一向为我敬佩。今读此作，颇有所感，略书数语，志以为序。

王可宾

2007年7月22日

《历史上的金兀术》题记

景 爱

（一）金兀术是历史名人

本书题作《历史上的金兀术》，是为中国社会科学出版社撰写的一本小册子。顾名思义，此书是专门记述金兀术的人物专书，不妨说是为金兀术作传。金兀术本名完颜宗弼，金兀术是广大群众所熟悉的名字，为了接近读者，故而采用了金兀术这个名字——尽管这个名字很不确切，下面有关章节还要说明这个问题。

到北京大大小小书店去转一转，就会发现关于人物传记的图书很多，有的是图文并茂，装帧相当华丽，反映出这类图书很畅销。至于人物传记的内容，则是五花八门，涵盖中外、古今。有近代、现代的革命领袖和爱国的仁人志士，有古代的皇帝、皇后和贤相、名将，还有当代形形色色的影星、歌星、球星，以及事业有成的科学家、文化名人和实业家。此外，还不乏"人民公敌"蒋介石和"窃国大盗"袁世凯的传记。

这些人物的共同特点，是有作为、有名望，或者是影响了社会历史发展的进程，或者是影响了许多人的生活道路，用时下比较流行的说法，叫做"感动了社会"。人们愿意阅读这类图书是有一定道理的，政府人士可以从中吸取安民治国之策，思考如何治理国家，求得社会的安定和发展；一般的"草根人士"，则从中学习模仿前人的成功之路，努力奋斗，出人头地，把自己培养成对社会有贡献的名人。我想，这大概就是名人传记畅销的主要原因。

为什么要写金兀术？原因很简单，金兀术是历史上很有作为的名人，他的活动不仅影响了当时的历史发展，也影响了后世的人群。金兀术年轻时是一员骁勇的战将，屡立战功，在攻打北宋都城开封（汴京）的战斗中，他表现得

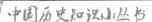

十分英勇。最后，宋徽宗赵佶、宋钦宗赵桓被俘虏，沦为金国的阶下囚，受尽了人间的耻辱，坐井观天，老死在五国城。这场历史上的重大变动，被宋朝人称作"靖康之变"。宋朝人耻于徽、钦二帝被俘虏，改换了一个说法，叫作"二帝蒙尘"。相传为岳飞所作的《满江红》中，有"靖康耻，犹未雪；臣子恨，何时灭"之句，就是指此而言。

在宋康王赵构（即宋高宗）即位以后，金兀术受诏追捕宋高宗，从黄河以南追到长江以南，一直把宋高宗追到大海之中。金兀术不习水战，只好班师北归。不久，金兀术又受命征伐陕西，虽然遇到了张俊的顽强抵抗，几经反复，互有胜负，最后金兀术还是取得了胜利，占领了陕西。在此战争中，金兀术功勋卓著，后来被提拔为右副元帅，封为沈王。

金兀术晚年，长期担任左丞相兼都元帅，位居一人之下万人之上，金朝的军政大权都掌握在他一人手中。当时，金熙宗年幼，一切国家大事都由金兀术决定。金兀术在主持朝政期间，也曾对宋用兵，攻打河南、陕西，不过最后还是接受了宋朝的请求，休战和平，以淮河中游和大散关（在陕西）作为金、宋两国的分界线。此事发生在宋高宗绍兴十一年（1141），被后世史家称作"绍兴和议"。"绍兴和议"的实现，结束了宋、金长期的战争，对宋对金都是有好处的，用今日流行语来说，可以说是宋、金双赢。"绍兴和议"被采纳，主要是金兀术的意见。对于这一点，南宋人宇文懋昭纂修的《大金国志》指出："兀术临终，以坚守和好之说。"[①]

金兀术不管是出为将、入为相，其活动都直接影响了宋、金的历史发展，其重要地位即在于此。

金兀术属于金朝的开国元勋之一，故而宇文懋昭在《大金国志》中，将金兀术列入《开国功臣传》。金兀术死后，谥忠烈，配享金太宗庙廷，就是把金兀术的神主置于金太宗庙中供奉，享受皇帝般的香火。在古代这是一种极高的荣誉，只有杰出的大功之臣，才能配享皇帝的庙廷。

金兀术不仅受到金朝廷的重视，在民间也很有地位和影响。据记载，金

---

① 《大金国志》卷27，《开国功臣传·金兀术》。中华书局校正本1986年版，第384页。

中都的玉虚观（旧址在今北京宣武区）中建有金兀术祠堂，称故太师梁忠烈王祠。金兀术生前做过太师，被封为梁王（属于封爵中的大国），死后谥忠烈，故其祠堂有此称。金章宗泰和四年（1204）八月，道士高守冲为金兀术立碑，碑文由当时的户部主事庞铸所撰。[①] 可惜的是后来碑毁、文佚，现在已无法了解此碑的具体内容。此碑应属于德政碑，记述金兀术的一生德行。玉虚观是民间宗教组织，在金兀术死去半个世纪以后，仍有人为他建祠堂、立碑，说明金兀术在民间享有崇高的地位和广泛的影响。

（二）关于金兀术的传说

金兀术在民间的地位和影响，还见于地方民间传说。在中国北方地区，关于金兀术的传说很多。今据《东北名胜古迹遗闻》、《阿城民间故事集成》，选录若干加以说明。

金兀术善于打仗，他的一生多半是在战争中度过的。因此，关于金兀术的传说多半与军事有关。据说，法库县东北五里许有山仙村，村后有山高数十丈，山顶平坦处，有古代战壕遗迹。山下有古井，深丈余。相传金兀术曾在此山屯兵，用古井之水饮马，称作金兀术饮马泉。不过此井有些怪异，人呼兀术井，井水就变苦；人呼皇帝井，井水就变甜。在法库县东南有大子山、小子山，在小子山东有白石条砌筑的营垒。相传金兀术曾在此占山为王，故称兀术街，其南有锁龙沟，是以宋徽宗被囚于此而得名。村北有调兵山，是金兀术调兵聚合之处。呼伦贝尔有古边壕，据考证为辽代所修的边壕；[②] 在西布特哈，有金代修的界壕边堡。在民间传说中，它们都是金兀术修筑的长城，用以防御蒙古。《呼伦贝尔志略》、《黑龙江志稿》也采纳了此民间传说。

金兀术虽然是金太祖阿骨打的四太子，不过他出为将、入为相，始终是朝廷的重臣。然而在民间传说中，却称金兀术当过皇帝。泰来县塔子城是辽

---

① 《元一统志》卷1，《大都路》古迹。赵万里校辑本中华书局1966年版，第46—47页。

② 景爱：《关于呼伦贝尔边壕的时代》，《社会科学战线》1982年第1期；《关于呼伦贝尔边壕的探索》，《历史地理》第3辑，上海人民出版社1983年版。

代的泰州，曾出土过辽大安七年建塔题名碑可以为证。[①]当地民间传说，塔子城为金兀术所建，城中的高大建筑台基，是金兀术登基当皇帝时的金銮殿。故而塔子城被说成是金兀术称帝时的旧都，后来迁都到阿城白城子。在开原县城东北有一漫岗，土色泛黄，称作黄龙岗。当地群众传说，金兀术曾建都于黄龙岗之南，与宋将岳飞大战于此，岳飞提出的直捣黄龙府，与诸君痛饮，就是指此而言。

把金兀术说成是登基建都的皇帝，自然与史实不符，然而它却反映出金兀术在人民群众中具有很高的地位和影响。金朝是以武力取得天下，金兀术勇敢善战，是开国元勋，于是民众对金兀术十分敬重，把他美化成皇帝般的英雄。

在民间传说中，金兀术是关心黎民疾苦的王子。在阿城市永源镇广泛流传一个金兀术求雨的传说，据说有一年大旱，七七四十九天不下雨，新生的庄稼苗都枯萎了。居民没有水喝，干渴难忍。百姓四处求雨，却不见下雨。消息传到皇城之中，有大臣向金兀术启奏，请他代民祈雨。金兀术满口答应，下令搭祈雨台，他登上祈雨台，连连祷告苍天保佑：快下场和风细雨吧。果然很灵，就真的下了一场透雨，保住了五谷秧苗，还使黎民百姓喝上了水。

在北方许多地区还有白花公主的传说。在绥化县努敏河畔，有一座平顶的小山，名叫四方台。山上有城墙和半地穴房屋，应是古代的一座古城。当地人传说，四方台是金兀术妹妹白花公主的点将台，她坐在四方台中，检阅、操练台下的兵马，协助金兀术讨伐宋兵。四方台东南方还有小山，被称作白花公主墓。[②]在吉林市西北，有个地方叫九站，九站有座古城叫白花城。传说白花城为金兀术妹妹白花公主所建，她拥强兵驻守此城。城中有后人所建的白花公主祠庙，雕梁画栋，殿庭宏伟雄壮，并塑有白花公主之像，岁时祭祀，乡人有所祈祷，相当灵验。所谓白花公主的传说，并无什么史实根据。古有爱屋及乌之说，白花公主的传说也是如此。金兀术勇敢善战，人们便推测他的妹妹也一定会练兵打仗，由此便产生了种种白花公主的传说。

---

① 景爱：《辽金泰州考》，《辽金史论集》第1辑，上海古籍出版社1987年版。
② 景爱：《四方台考察散记》，《奋斗》1986年第6期。

故事传说往往是移花接木，将民众想象的故事，依附于某些前代的古迹，借以表达民众的喜怒哀乐。从上所述金兀术和白花公主的传说，不难看出在人民群众的心目中，金兀术具有很高的地位和影响。传说往往是自发产生的，没有人指使和说教，最能表现民众的思想情愫。因此，金兀术的传说真实地反映了他在民众中的崇高地位。

史书记载、民间传说，都可以证明金兀术是历史上的名人。因此，撰写《历史上的金兀术》就很有必要、很有价值了。

目录 CONTENTS

第四章　宋朝如何谋取燕京

第五章　张觉叛金降宋成为金伐宋的借口

第六章　金军一下中原昏君退位

第七章　金军二下中原北宋灭亡

【第一章】

关于 《说岳全传》

一 作者钱彩与金丰

金兀术不仅在古代很有名气，在当代仍有很大的名气，可以说是家喻户晓，其知名度不亚于今日的歌星、影星和体育明星。究其原因，主要归功于钱彩的《说岳全传》和刘兰芳讲的《岳飞传》。

钱彩所著的《说岳全传》，可以说是当代销路比较好的历史小说之一。我从北京国家图书馆检索的结果，发现近年许多大大小小的出版社竞相重印此书，大约有60余种不同的版本。重印古代的历史小说，不必支付版税和稿酬，可以大大降低印制的成本，许多出版社大量印制《水浒传》、《三国演义》、《西游记》、《红楼梦》，也是与此有关。不过《说岳全传》却无法与上述四大名著相比，甚至也不如《金瓶梅》、《儒林外史》、《聊斋志异》。那么，《说岳全传》为什么对当代的读者有一定的吸引力呢？主要原因是此书讲的是宋朝与金朝和战的历史故事，讲的是岳飞的忠君报国和金兀术的带兵打仗，对于文化程度较低的广大群众而言，是当作信史来读，从中了解宋、金的战争史，其中一些离奇的荒唐的内容，对读者颇有一定的吸引力。另一方面，《说岳全传》要比《三国演义》通俗易懂，文化水平低的大众，可能看不懂《三国演义》，却能看懂《说岳全传》，应了"曲高和寡"的名言。这后一点尤为重要，只有读者面宽的图书，出版商才能获得比较高的利润。那么，《说岳全传》是一种什么样的书呢？

《说岳全传》又称《精忠说岳》，其全称叫作《精忠演义说本岳王全传》，题为"仁和钱彩锦文氏编次，永福金丰大有氏增订"。据此可知，此书是仁和县钱彩（字锦文）编著，后来有金丰（字大有）增删修改，故而今日重印的《说岳全传》，或题钱彩著、金丰增订，或题钱彩等著。

钱彩自称是仁和县人，仁和县为浙江省属县，在明清时代仁和县、钱塘县并为杭州府治、浙江省治，民国以后仁和、钱塘合并为杭县，即今杭州市。杭州又称临安，是南宋的都城，自南宋以后经济文化发达，在明清时期出现了许多文人。不过在杭州地方志上，却检索不到钱彩或钱锦文的名字，据此分析他既没有取得什么功名，也没有做过什么高官，算不上是乡贤，其事迹不详。估计钱彩大概是出身于仕宦之家，有一定的文化修养，故能写出这部《说岳全传》。

《说岳全传》书前有金丰作的序言，末署"甲子孟春上浣永福金丰识于余庆"。由此可知金丰是广西永福县人，清代余庆县有二，一在贵州省贵阳市附近，一在黑龙江省绥化府，今称庆安县。后者是光绪三十年（1904）设置，①清代甲子年出现四次，即康熙二十三年（1684）、乾隆九年（1744）、嘉庆九年（1804）、同治三年（1864），黑龙江省的余庆县置于同治三年以后，故金丰应是在贵州省余庆县为此书作序，他大概在贵州省余庆县做官或居住。

清代曾查禁了一批图书，据清代《禁书总目》载，《说岳全传》曾在乾隆年间被列为禁书，说明此书是钱彩撰著于乾隆以前。钱彩本人或其父祖很可能是明朝的遗老遗少，世受明朝的皇恩，对明朝感恩戴德，对清朝的建立十分不满，通过《说岳全传》来歪曲金朝的历史，丑化女真人的形象，借以表达他对清朝统治的深恶痛绝。满族人是女真人的后裔，努尔哈赤建立的政权仍称大金（今人称作后金），是以金朝的继承者自居。《说岳全传》歪曲金朝历史，丑化女真人形象，自然触犯了清朝皇帝，将它列为禁书绝非偶然。

钱彩的《说岳全传》原著，今日已很难见到，不过经过金丰修改以后

---

① 高恩林：《黑龙江政区沿革纪略》，黑龙江人民出版社1990年版，第160—161页。

的《说岳全传》，大体上仍保留该书的原貌。金丰的生卒事迹不详，现在所见到的《说岳全传》最早的刻本，便是金丰修改过的本子，即同治三年（1864）作序的刻本。金丰对钱彩的原作进行了什么样的修改，由于没有见到钱彩的原书，现在很难进行比较。不过金丰在序言中所说的一番话，却可以看出他的思想倾向。

金丰在序言中说："从来创说者，不宜尽出于虚，而亦不必尽由于实。苟事事皆虚，则过于诞妄，而无以服考古之心；事事皆实，则失于平庸，而无以动一肘之听。如宋高宗朝，有岳武穆之忠，秦桧之奸，兀术之横，其事固实而详焉；更有不闻于史册，不著于记载者，则自上帝降灾，而始有赤须龙、虬龙变幻之说也，有女土蝠化身之说也，有大鹏鸟临凡之说也。"金丰特别强调"虚"的作用，由此我们可以确知《说岳全传》中虚构的成分，有可能出于金丰之笔，或在钱彩虚构的基础上，又加以提升、扩大。

历史小说与言情小说有所不同，言情小说如《金瓶梅》、《红楼梦》，作者可以根据自己的想象虚构事实和情节。然而历史小说虽然也可以虚构一些人物和情节，却应当尊重历史事实，基本的事实不能篡改。署名罗贯中的《三国演义》是根据正史《三国志》创作的，人们公认它是"七分事实，三分虚构"。《三国演义》属于成功之作，列为四大古典名著之一，除人物的描写栩栩如生以外，人物的真实性、故事的真实性，极大地增强了其感染力。越是真实的东西，越有生命力和感染力，这是历史小说创作应当遵循的重要原则。

《说岳全传》同《三国演义》相比，在这方面相差悬殊，不可同日而语。岳飞、秦桧、王氏、金兀术都是真实的人物，完全没有必要虚化。《说岳全传》称岳飞是佛顶上的金翅鸟降凡，秦桧是黄河中铁背虬龙转世，秦桧夫人王氏是上天雷音寺女土蝠投胎，金兀术是上天赤须龙下界。他们在天上结下了冤仇，来到人间相报，从而引起了宋、金交恶，出现了岳飞精忠报国，秦桧卖国求荣，与金兀术相勾结，共同陷害岳飞。在他们死后，于阴曹地府三人对案。这种因果轮回的虚构情节，十分荒诞有害，它遮盖了宋朝统治者的腐朽堕落，把读者引向幻境之中，不但无助于树立岳飞的高大形象，反而冲淡了他的爱国主义精神，恰是《说岳全传》的败笔之处，反映出钱彩和金丰的思想境界不高，缺乏高深的文化修养。

■■ 二 《说岳全传》对历史的篡改 ■■

《说岳全传》品格不高，还表现在对一些历史事实的恶意篡改，进行移花接木上面。为了说明这一点，可以举出若干例证加以说明。

第十五回"金兀术兴兵入寇，陆子敬设计御敌"，称金国总领狼主乌骨达（应作阿骨打）一心要夺取宋室江山，挑选扫宋大元帅。四太子金兀术以举起千斤重的大铁笼被选中，封为昌平王、扫南大元帅，率师南伐。昌平王、扫南大元帅纯属虚构，这倒不碍大局，不过说金太祖时要夺取宋室江山，这就有问题了。其实金太祖时代主要是征辽，到了金太宗吴乞买时代才开始伐宋。将金伐宋的时间提前到金太祖时代，作者的本意很清楚，是告诉读者金朝一建国就是宋朝的敌人，增强读者对金朝的仇视，衬托岳飞的忠君报国有历史的原因。

第十八回"金兀术冰冻渡黄河，张邦昌奸谋倾社稷"，说的是"靖康之变"、"二帝蒙尘"。当时金军围攻开封，兵分两路，东路军以宗望（斡离不）为统帅，西路军以宗翰（粘罕）为统帅，当时金兀术（宗弼）只是宗望手下的一员战将。作者把金兀术说成是围攻开封城的统帅，宗翰变成了金兀术手下的战将，完全颠倒了上下隶属关系，其目的是为了突出"兀术之横"，以凸显金兀术在扰乱宋室江山中的地位和作用。

金军围攻开封城的时间，是天会四年（1126）十二月，即公历的一月，正是黄河的封冻季节。金军选择这个季节攻打开封城，是因为黄河河面结冰，可以顺利踏冰面渡河。《说岳全传》把金军围攻开封城的时间，篡改为八月十三日，正是河水最丰的盛水期。不意天气突然变冷，黄河封冻结冰，一直冻到河底。全军利用这个机会踏冰渡过黄河，渡过黄河以后便红日高照，黄河解冰。作者虚构此情节的用意，既是为宋军守河不力开脱，又是篡改了金军巧用天时的战略部署，从而掩饰了金强、宋弱和宋朝的政治腐败。这种写法一点也不高明，稍有常识的人都会知道八月黄河不会结冰，只有在戏剧《窦娥冤》中，才出现了"六月雪"，那只是人们无法改变现实的幻想而已。

第七十三回"胡梦蝶醉后吟诗游地狱，金兀术三曹对案再兴兵"，把粘罕说成是大狼主，即大太子，故而老狼主死后，"原立粘罕长子完颜冻为君"。实际上粘罕（宗翰）是金太祖阿骨打之侄，他无权继承皇位，他的儿子更是不能继承皇位。又称大狼主粘罕，被韩世忠二公子韩彦直挑死于牛头山（见第四十二回）。其实，粘罕是死于上京狱中，在临死前曾给金熙宗写了一封长信，遗留至今。又称在乌龙镇上金兀术跌下马来，牛皋乘势骑在金兀术身上，金兀术被活活气死，牛皋乐极生悲，笑死在金兀术身上（第七十九回）。实际上金兀术不是战死在疆场上，而是老死于京城。

《说岳全传》篡改历史事实，虚构这些故事，目的是以猎奇吸引读者，实际上是适得其反，稍有历史知识的人，都会明白这是在作秀，反映出作者的才气不高，远不如罗贯中的思考有深度。因此，《说岳全传》的创作水平低，不可能成为与《三国演义》相媲美的历史名著。

在《说岳全传》中，地理方面的错误比比皆是。该书第十五回："且说那北地女真国黄龙府，有一个总领狼主，叫做完颜乌骨达，国号大金。"第十九回，"不一日，（二帝）到了黄龙府内，只见那本国之人，齐来看南朝皇帝，直到端门方散"。很显然，本书是把黄龙府当成了金国的都城。实际上黄龙府在吉林省农安县，俗称农安古城。此城原是渤海国的扶余府，辽太祖平灭渤海国以后，在归途中死在这里，据说死时有黄龙出现，故改称黄龙府。到了金代，黄龙府改称隆州，已经不叫黄龙府了。[①] 宋徽宗、宋钦宗被俘虏以后，在北迁途中曾经过此地。因此，岳飞有"直捣黄龙府，与诸君痛饮耳"的誓

---

① 《金史》卷24，《地理上》，中华书局校点本，第55页。

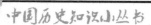

言。实际上金朝初年的都城在上京会宁府，故址在今黑龙江省阿城市，俗称白城。现在被列为国家重点文物保护单位。

《说岳全传》将宋高宗初即位的地点，说成是在金陵（第二十一回），也是错误的。北宋建有四京，东京（汴京）开封府、西京河南府（今洛阳）、北京大名府（今大名县）、南京应天府（今商丘市）。宋高宗是在南京应天府即位，与金陵是两个不同的地方。金陵是以金陵山得名，金陵山即今南京市的钟山。五代十国时杨隆演的吴国曾建都于此，称金陵府，此后金陵便成为南京的别称，明代朱元璋在这里建南京应天府。宋代的南京应天府在商丘，明代的南京应天府在金陵，是两个不同的地方。《说岳全传》将两个时代不同的南京应天府相混淆了，故误称宋高宗在金陵即帝位。

还有，《说岳全传》把牛头山的位置也搞错了。第三十七回"宋康王被困牛头山"，称宋康王和李纲等八人被金兀术追赶，被迫西逃，进入黄州界牌关，被金兵围在牛头山。按此说法，牛头山在黄州境内。黄州在湖北省境内，今称黄冈市。其实，宋康王被困的牛头山，是在金陵南京西南，至今仍称牛头山。

《说岳全传》将金国都城说在黄龙府，将南京应天府说在金陵，可能是由于不熟悉金代地理所致。把牛头山说在黄州境内，是为了突出张邦昌之奸佞，因为本回有宋康王误入张邦昌黄州私宅之描写，同时也是为了突出岳飞牛头山救驾之功。当时，岳飞正在黄州一带驻防。

由此看来，《说岳全传》的作者钱彩，对宋、金的地理知识相当浅薄无知；为了突出岳飞的忠君报国，任意篡改地理方位，是极不可取的，对读者产生了误导作用。

第二章

『狼主』与郎君

在钱彩、金丰编著的《说岳全传》一书中，多次提到"狼主"。例如第十五回称："且说那北地女真国黄龙府，有一个总领狼主，叫作完颜乌骨达，国号大金。"同一回中又称："原来老狼主第四太子，名唤兀术。"这"总领狼主"，也就是"老狼主"。称"老狼主"，是说他年纪很大，由"老狼主"率领许多小"狼主"，有如狼群之首，因此，又称作"总领狼主"。第十八回，张邦昌拜见金兀术时，口称："臣张邦昌，朝见狼主，愿狼主千岁千岁千千岁！"第十九回，金国的军师哈迷嗤对金兀术说："狼主亦宜速即回兵，不可进城；恐九省兵马到来，截住归路，不能回北，那时间性命就难保了。"第二十四回，铜先文郎对岳飞叫道："岳南蛮，我狼主乃天命之主，怎能被你拿了？"在《说岳全传》中，又把粘罕称作"大狼主"。

读到这些"狼主"，许多人都会认为金国的这般大大小小的"狼主"，大概都是如狼似虎般的凶恶残暴，是杀人不眨眼的恶魔。狼作为一种野生动物，是以凶恶残忍著称，与狼有关的词汇多是贬义词，如狼心狗肺、狼狈为奸、狼子野心、狼奔豕突、狼吞虎咽、杯盘狼藉等。

因此，一提到狼字，人们都毛骨悚然，有一种恐惧感。《说岳全传》的作者，正是通过"狼主"一词，来丑化女真人的形象，引导读者去憎恨女真人，用以挑拨民族关系，发泄对清朝统治者的不满。因为清朝统治者是满族人，满族人是女真人的后代。《说岳全传》指桑骂槐，清朝统治者十分清楚，故而此书成书不久即被查禁。那么"狼主"一词是从何而来？为了回答这个问题，需要知道中国古代的"郎"和"郎君"。

一 郎是尊称

在中国古代，"郎"字属于褒义词，是指英俊的少年男女而言，属于爱称和尊称。《木兰辞》中有："同行十二年，不知木兰是女郎。"苏轼《赤壁怀古》中有："人道是三国周郎赤壁。"东吴的周瑜很有才干，24岁即挂帅印，成为统率东吴全军的大都督，故而被称作周郎。《三国演义》第五十五回有："周郎妙计安天下，赔了夫人又折兵。"周郎是周瑜的美称。

"郎"字作为青少年的美称，在古代诗文中多见。"云有第五郎，娇逸未有婚"；"始欲识郎时，两心望如一"。诗中的"郎"，是指未婚的男青年。古人常常将别人的儿子称作令郎、大郎，以示尊敬。由于"郎"字属于尊称，后来已婚的青年男子也被称作郎，如周瑜被称作周郎，何晏被称作粉郎，潘岳被称作潘郎，江敩被称作江郎，王凝之被称作王郎，鲍泉被称作玉郎，隋朝滕王杨瓒被称作杨三郎等。历史小说《杨家将》中有杨五郎、杨六郎，《水浒传》中有武大郎、武二郎。过去民间将挑担卖货的人称作"货郎"，将放牛娃称作"放牛郎"，都属于尊称。这种词义一直延续至今，将新婚男子称作"新郎"，将妙龄女子称作"女郎"。

"郎"为尊称，始于汉代。汉代两千石以上的高官，可以荫其子为郎。六朝时，王公子弟皆称作郎。到了唐代，郎的地位变得更加尊贵，张易之的兄弟在朝廷中被称作五郎、六郎，安禄山称宰相李林甫为十郎，就连皇帝唐玄宗也被皇后称作三郎。从皇帝到权贵、朝官都可以称作郎，可知郎已变成极尊贵、极荣耀的称号。日本国的男人名字多称某某郎，女子的名字多称某某子，人名称郎也是受中国古代以郎为尊影响的结果。自唐代以后，中日文化交流比

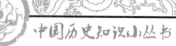

较频繁，鉴真和尚东渡，日本留学生来华，使中国的文化对日本影响至为深远。

由于"郎"字属于褒义词、尊称，故而又被引入官称之中。古代吏、户、礼、兵、刑、工六部的长官称作尚书，其副手称作侍郎。陪伴尊长叫做侍，因此，六部尚书的副手称作侍郎。侍郎以下的佐官，还有郎中、员外郎。郎中早在战国时代就出现了，"君以臣为郎中"，郎中最初是皇帝的侍卫，相当于后来的副官。郎中是侍郎的助手，员外郎是协助郎中处理公务的办事人员。郎中相当于今日部委中的司局长，员外郎相当于部委中的处长。金代秘书监所属的著作局，有著作郎和著作佐郎，著作郎从六品，著作佐郎正七品。到了民国以后，带"郎"字的官称不见了，代之以新的官称。

"郎"作为官称，不仅见于史书记载，在汉代文学作品中也可以见到。在《玉台新咏》中，录有乐府诗《羽林郎》，作者辛延年做此诗，用于影射西汉外戚霍光家族的权势。辛延年是东汉人，其身世不详，可能是个歌人。[①] 羽林郎是汉代羽林军的长官，羽林军是皇帝的禁卫军，霍光家族长期把持羽林军。羽林军的长官称作羽林郎，可以看出"郎"是尊贵的称呼。在无名氏所作的《孔雀东南飞》乐府诗中，两次提到了郎。一称"云有第三郎，窈窕世无双，年始十八九，便言多令才"；二称"云有第五郎，娇逸未有婚。遣丞为媒人，主簿通言语"。此诗的由来，《玉台新咏》序言说："汉末建安中，庐江府小吏焦仲卿妻刘氏，为仲卿母所遣，自誓不嫁。其家逼之，乃投水而死。仲卿闻之，亦自缢于庭树。时人伤之，为诗云尔。"则此诗应为民间目睹此情此景的乡人所作，它反映出东汉民间亦称他人之子为郎，第三郎即第三子，第五郎即第五子。

---

① 林庚、冯沅君：《中国历史诗歌选》上编（一），人民文学出版社1987年版，第116—117页。

二 金代宗室贵族称郎君

"郎"又称作"郎君",郎君之称也是始于汉代。汉代相国称相君,太守称府君,刺史称使君,他们的儿子则称作郎君。此后从魏晋南北朝到隋唐,郎君一直属于尊称。《孔雀东南飞》一诗中有:"贫贱有此女,始适还家门;不堪吏人妇,岂合令郎君?"又有:"直说太守家,有此令郎君;既欲结大义,故遣来贵门。"诗中的郎君,是对未婚男子的尊称。胡三省《资治通鉴注》称:"门生、家奴呼其主为郎,今俗又谓之郎君。"胡三省是元朝人,他所谓的"今俗"是指元代风俗,则知郎君称呼在元代仍存。清代顾炎武在《日知录》中说:"郎君,奴婢称其主人之词",与胡三省的说法是一致的。清人赵翼《陔余丛考》称:"汉以后凡身事其父者,皆呼其子为郎君,而郎君遂为贵介及群屐少年之尊称,至唐又为极尊贵之称。"[1]

由于郎、郎君属于尊称,到了金代郎和郎君又变成了宗室贵族独享的专称,非宗室成员不能称作郎和郎君。无名氏撰写的《女真传》记载说:"其宗室皆谓之郎君,(事)无大小,必以郎君总之。虽卿相尽拜于马前,郎君不为礼。"[2]许多事实证明金代宗室成员确实有郎君之称。

在陕西乾陵(唐高宗李治与武则天的合葬墓)前面,有一座著名的无字碑,碑上为什么不刻字?历来众说纷纭,尚无一致意见。不过这座无字碑后来变成了有字碑,金太宗天会十二年(1134)仲冬,有人在碑石上刻写了碑文,

---

① 赵翼:《陔余丛考》卷31,《郎君、大相公》,栾保群、吕宗力校点本,河北人民出版社1990年版,第786—788页。

② 宇文懋昭:《大金国志》附录一,中华书局校正本1986年版,第587页。

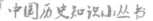

是用汉字和契丹字（最初疑为女真字）两种不同文字镌刻的，汉文碑题作《皇弟都统经略郎君行记》，这皇弟郎君究为何人呢？

据钱大昕考证，皇弟郎君为撒离喝，李有棠《金史纪事本末》也赞成这种说法，称："郎君称皇弟，无姓名……当为太宗之弟"；又称："金时宗室皆称郎君，此或为萨里干也。"①萨里干即撒离喝，清代用满语去规范女真语，将撒离喝规范为萨里干。此人在《金史》卷80有《传》，名作阿离补。据其本传，天会年间宗辅经略陕西，阿离补为左翼都统，宗弼为右翼都统，共同出击，占领了许多地方，阿离补以军功为世袭谋克。

这位撒离喝由于胆怯善哭，又被女真人称作"啼泣郎君"。《大金国志》记载，天会八年（1130）春，撒离喝与黑峰等人攻打陕西邠州时，遇到了宋军统帅张俊的顽强抵抗，两次战斗金军都失利。"撒离喝智勇全无，昔与宋曲端邠州之战，金主几催，撒离喝号哭，众目曰啼哭郎君。"②《金史》称"阿离补，宗室子，系出景祖，屡从征伐，灭辽举宋皆有功。"③景祖为金太祖阿骨打的祖父，阿离补不见于《金史·宗室表》，应是宗室的疏支成员，不过也称作郎君，说明郎君的范围很大，景祖以下的宗室成员均可称作郎君。

宋徽宗宣和六年（金太宗天会二年，1124），许亢宗以著作郎的身份作为贺登位使出使金国，撰有《许奉使行程录》，记录途中的所见所闻。他在渡过了来流河（今称拉林河，为吉林省与黑龙江省的分界）以后，前往上京会宁府（今黑龙江省阿城市）途中，曾经过了兀室郎君宅，在这里有金国接伴使、馆伴使、中使的接待。④兀室郎君即完颜希尹，是金朝开国元勋之一，曾奉金太祖之命制造女真字，被称作女真大字。希尹是欢都之子，欢都是景祖之孙，与金太祖阿骨打属于同辈兄弟行，希尹为阿骨打之侄，于阿骨打而言，属于宗室疏支，不过同为景祖之后，因此，也属于郎君，再次证明了景祖的后世子孙，均可以称作郎君。郎君拥有特权，可以担任朝廷的高级官职，即使是胆怯的撒

---

① 李有棠：《金史纪事本末》卷11，《规取陇蜀》，中华书局1980年排印本，第231页。

② 《大金国志》卷10，《熙宗孝成皇帝一》，中华书局校正本1986年版，第148页。

③ 《金史》卷80，《阿离补传》，中华书局校点本，第1810页。

④ 《大金国志》卷40，《许奉使行程录》，中华书局校正本1986年版，第569页。

离曷，也可以担任率兵打仗的都统。

钱彩、金丰大概是读了《金史》、《宋史》和宋朝人写的笔记，对历史上的郎君和郎有一定的了解，对金朝的历史比较熟悉。故而巧妙地用"狼主"来代替郎和郎君，一字之差就有天壤之别，把褒义词变成了贬义词。这种篡改历史的做法显示了作者的小聪明，从今天来看，是不利于民族团结的。在阅读《说岳全传》时，对"狼主"一词的来历，应当有一定的了解，明白《说岳全传》使用"狼主"的用意。

【第三章】

宋金『海上之盟』

金兀术是在讨伐宋朝的战争中逐渐成长起来的，由最初的一员普通的战将，变成了金军的统帅，由此而声名大振。《说岳全传》金兀术一开始出现就是征南大元帅，统率整个金国的伐宋战争，是不真实的。

一　马植献计

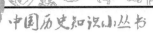

在叙说金兀术的事迹以前，必须首先了解宋金战争产生的原因；而要了解宋金战争的产生，则必须从宋金"海上之盟"说起。早在唐代的时候，有一条从山东半岛通往辽东半岛的水路。《新唐书》记载说，从登州（今蓬莱）渡海东北行，经过大谢岛（今长山岛）、末岛（今宿岛），登陆可以到达马（乌）山（今老铁山）和都里镇（今旅顺区）。①这是渤海国与唐朝往来的重要通道，在旅顺保留有开元二年（714）唐鸿胪寺卿崔沂凿井刻石。宋朝初年，宋太祖曾通过此海路，派人到辽东的女真人那里购买马匹，说明这条海路畅通无阻。宋徽宗时，曾派使者到金国那里商谈联合攻打辽朝之事，所走的仍是这条水路。②通过往来谈判，双方达成了协议，被史家称作"海上之盟"。可是，却没有想到这"海上之盟"却酿成了宋、金之间的战争。

在宋徽宗政和年间（1111—1117），辽朝内部民族矛盾加剧，女真人起兵反抗契丹人的统治，辽朝已显露出衰亡的征兆。这些消息不时地传入宋朝统治者的耳中，并产生了一定的影响。政和元年（1111）九月，宦官出身的童贯，以检校太尉的身份陪同知枢密院事郑允中（《宋史》作郑居中）出使辽国，名义上是赠礼通好，实际上是探听辽国的虚实。他们在辽国停留期间，有一个名叫马植的人，秘密地找到了童贯，自称是燕京潞阴（今北京通州区潞县镇）

---

① 《新唐书》卷43下，《地理七下》羁縻州，中华书局校点本，第1147页。

② 《三朝北盟会编》卷4，政宣上帙四，上海古籍出版社1987年缩印本，第25页上栏。

人，世家大族，在辽国做过光禄卿。此人颇有才干，擅长于言辞。他看到女真人起兵反辽，盗贼乘机而起，而辽朝的皇帝耶律延禧不知忧虑，仍沉溺于打猎游玩之中。马植很有政治经验，他料定辽国迟早必亡，因此转向宋朝，他向童贯表示说，他有灭辽之计策。童贯是一个善于投机取巧的人，他听了马植的介绍，感到非常高兴，正中下怀，可以在宋徽宗面前邀功。于是，童贯将马植带回了开封。为了安全起见，将马植改名为李良嗣，藏匿在自己的府中。

童贯认为李良嗣是弃暗投明，很有用处，很快就向宋徽宗介绍了李良嗣，宋徽宗决定亲自见一见李良嗣。于是，政和五年（1115）四月十八日，宋徽宗在京城的延庆殿接见了李良嗣，李良嗣详细介绍了辽国的现状，他说："辽国必亡，愿陛下念旧民遭涂炭之苦，复中国往昔之疆，代天谴责，以顺伐逆，王师一出，必壶浆来迎，愿陛下速行薄伐。"①宋徽宗听了李良嗣的一席话，非常高兴，又赐以皇帝之姓，改李良嗣为赵良嗣，当时授赵良嗣为朝请大夫、密阁待诏。

实事求是地说，马植（李良嗣、赵良嗣）很有政治远见，他提出的意见、看法是很有根据、很有道理的。然而北宋朝廷的政治腐败和无能，决定了再好的建议也无法正确执行，最后竟引起了宋、金战争，北宋灭亡，马植竟变成了替罪羊，被罢官、处死。

---

① 《封有功编年》，见《三朝北盟会编》卷1引文，上海古籍出版社1987年缩印本，第2页下栏。

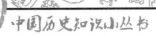

二 宋金使节往来

以宋徽宗、童贯、蔡京为首的北宋朝廷，一直以为马植（李良嗣、赵良嗣）之建议很有道理，可以采纳。不过他们认为，辽朝内部虽然出现了种种危机，然而辽朝元气未丧，尚有一定的实力。仅凭北宋一国之力征讨辽国，恐怕难以奏效。最好的办法是同女真人联合起来，从南、北进行共同的夹击。这是关系到国家安全的机密大事，不能轻举妄动，需要试探一下女真人的态度，看看金国有什么反应，然后再作出决定。应当采取慎重的方法，不可盲目行动。

为了避免引起辽国的怀疑，决定沿用前朝故事，以购买马匹的名义，派人渡海去找女真人。因为从陆路前往金国，必须经过辽国的腹心地区，那是很不安全的。重和元年（1118）初，派辽国的降民高药师及登州将吏七人，乘船出海前往辽东。高药师等人渡海至渤海北岸以后，发现岸边有许多女真人在巡逻、看守海岸，他们吓得赶紧又回到了登州。

重和元年（1118）四月二十七日，改派武义大夫马政、军卒呼延庆和高药师等八十余人，再次乘船渡海去辽东，闰九月九日马政等人到达渤海北岸，登岸以后即为巡海的女真人所发现，差一点被杀死。幸好呼延庆懂得女真语，将马政之话译成了女真语，说明他们渡海来此，是要向阿骨打购买马匹。女真人怕他们途中逃跑，将他们五花大绑，走了18天，经过了十余州县，才到达了阿骨打所居住的阿什河。马政向阿骨打、粘罕、阿忽、兀室等人说明，"契丹天怒人怨"，宋朝欲与金国联合起来，"共伐大辽"。阿骨打、粘罕等人商议数日以后，表示可以考虑此事。于是，令马政陪李善庆（渤海人，懂汉语）、小散多、勃达（此二人为女真人）等人一起去开封，同宋朝廷直接对话，了解宋朝廷的真实意图。为了防止女真使者在途中被害，将与马政同来的登州小校刘亮作为人质留了下来。

同年十二月二日，马政及同来的金国使者李善庆等人到达登州。宣和元年（1119）正月，李善庆等人来到开封城，住在宝相院。宋徽宗令蔡京、童贯与李善庆相见，并为金国使者授官，李善庆为修武郎，小散多为从义郎，勃达为秉义郎，均发给全俸。李善庆带来了北珠、生金、貂革、人参、松子等礼物和金国的国书，称辽国皇帝曾封阿骨打所建大金为东怀国，但是为阿骨打所拒绝，决心战斗到底，推翻大辽国。

宋朝廷得知金国上述决心，喜出望外，于是再派朝议大夫直秘书馆赵有开、忠翊郎王瓌作为使者，与李善庆一起前往金国，并携带了以皇帝名义下的诏书。在到达登州以后，还没登上船赵有开即病死了。这时接到河北谍者（即侦察人员）发来的消息，称契丹国已割让辽东土地，封金国为东怀国，且妄言女真国曾祈请契丹修好。这一很不确切的消息，对宋朝廷产生了一定的影响，决定不派朝廷使者携带诏书前往金国，"只差呼延庆等用登州牒，遣李善庆等归"。登州牒属于州文书，将皇帝诏书换成了州牒，显然降低了规格。因此，呼延庆进入金国以后，随即被拘留，不久即把呼延庆放回。临行时女真国告诉呼延庆说："跨海求好，非吾家本心，共议夹攻，非我求尔家……若果欲结好，同共灭辽，请早示国书，若依旧用诏，定难从也。"[①]

呼延庆回到开封以后，立即将金国的要求作了详细说明。宋朝廷自觉理亏，于是，宣和二年（1120）三月，宋朝派遣赵良嗣（马植）和王瓌为芷、副使，携带宋徽宗的御笔书信，仍以买马之名前往金国。他们从登州渡海到达了苏州关（今大连市甘井子南关岭）。这时，金国的大兵分三路攻打辽上京（今内蒙古巴林左旗），赵良嗣经过咸州（今开原老城）到达青牛山，见到了阿骨打。阿骨打告诉赵良嗣说：你随同我去看攻打辽上京城。到辽上京附近的龙岗，阿骨打与赵良嗣商谈了合攻辽国之事，阿骨打通过翻译将他的态度明确地

---

① 《封有功编年》，见《三朝北盟会编》卷1引文，上海古籍出版社1987年缩印本，第2页下栏。

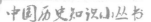

告诉了赵良嗣，大意是说：我们杀败契丹以后，契丹州城应全部归我所有。考虑到宋国愿意合攻辽国，燕云本是汉地，特许将燕云还与南朝。赵良嗣又补充说，只要宋、金南北夹攻，辽国岂能不亡，只是双方都不能与契丹议和。赵良嗣此次前来金国，化解了金国的疑虑。至金军攻克辽上京以后，阿骨打陪同赵良嗣观看了上京的宫殿，并在延和楼置酒相庆。赵良嗣当即作了一首七言诗[1]：

> 建国旧碑胡日暗，
> 兴王故地野风干。
> 回头笑望王公子，
> 骑马随军上五銮。

在宴会上就宋朝向金国提供银绢的问题进行了商谈。赵良嗣提出，事成以后每年向金国提供30万两银、30万匹绢。阿骨打对此提出了疑义，列举"澶渊之盟"，宋朝每年向契丹提供50万两银、50万匹绢，当时燕京却不属南朝。现在金国帮助宋朝攻打契丹，并将燕京归还宋朝，怎么能将银绢减少为30万？双方为此事辩论了许久，最后赵良嗣答应了阿骨打的要求，每年宋朝提供50万两银、50万匹绢，即将给辽国的岁银、岁绢，全数转交给金国。

赵良嗣提出，平、滦之地（今河北省秦皇岛市、唐山市）也属于燕京，应当同时归还宋朝。阿骨打对此坚决不同意，赵良嗣只好作罢。赵良嗣又提出，灭辽以后西京大同府所属州县，也应当归还宋朝。阿骨打表示赞成，不过阿骨打又提出一个条件：金国兵马已定于八月九日到达西京，宋朝应起兵响应。金兵将由平州（今河北卢龙县）驱古北口，宋兵应自雄州（今河北容城县）驱白沟，南北夹攻，不能违约有误；如果违约的话，前面约定的一切协议则无法实现。

---

① 《三朝北盟会编》卷4，政宣上帙四，上海古籍出版社缩印本，第25页下栏。

三 粘罕提出六事

赵良嗣与阿骨打商定的双方夹攻辽国之事，被史学家称作"海上之盟"。赵良嗣长期在辽国做官，对辽国的情况十分了解，他力争为宋国多争得一些好处，不过阿骨打在关键问题上，如平、滦二州和岁银、岁绢，毫不妥协让步，最后双方各得其所，宋朝能够收回燕云之地，已经是一个很大的胜利了。赵良嗣一行由辽上京返归途中，走到铁州（今鞍山汤岗子）附近时，又被阿骨打派来的骑兵追回，一同来到阿什河畔的皇帝寨。阿骨打告诉赵良嗣说，有几件事情同粘罕、杨仆等人商量以后，需要重新申明一下。

第一件事，北兵（即金兵）不得过松亭关、古北口、榆关之南，免得与攻打燕京的宋兵发生纷争，其用意是宋兵必须从南面出兵攻打燕京。第二件事，宋、金地界到攻克燕京以后，临时确定，"先以古北、松亭及平州东榆关为界"，提出这一条件是考虑到宋兵在攻打燕京时，到底能够控制多大的地域范围。第三件事，既然宋、金已经约定夹攻辽国，那么，宋、金任何一方都不能与辽国讲和，提出这一条件是担心宋朝与辽国讲和，影响整个灭辽的进程。第四件事，为了抓捕叛贼阿踈（宋人称阿适，逃入辽国）的需要，将来举兵攻取最靠近宋朝的蔚州、应州、朔州，其余的西京、归化、奉圣等州，到拿到了阿踈以后再交割，提出这一条是担心阿踈逃到宋朝境内。第五件事情，宋、金两国既然以义理通好，将来本朝（指宋朝）取了燕京以后，应除去官钱物，即免除赋税。第六件事情，在灭亡辽国以后，当在榆关之东设置榷场，双方进行货物贸易。粘罕和兀室又作了补充说明，兀室说我们打了上京城以后，把契丹的陵墓、宫室、庙像一齐烧毁了，叫契丹人断了通和的念头，宋朝也不能与辽国通和。上述谈话记录，都保留于南宋人徐梦莘编辑的《三朝北盟会编》一书中，[1]从中可以看出金国灭辽的决心和阿骨打对宋朝的担心。

宣和二年（1120）七月，金朝派女真人斯剌习和渤海人高随、大迪乌持国书，陪同赵良嗣一起渡海去开封城。其国书全文亦收录在《三朝北盟会编》一书中，在其国书中特别强调，燕京之地及所管辖的汉民，依原议在灭亡辽国以后都可以归还宋朝，不过在起兵以后流落到此的外地人户，不在此数以内。由此不难看出，金国十分重视内地的技艺之民。如果契丹人提出请和，"必不允应"。"若是将来举军，贵朝不为夹攻，不能依得已许为定从。"由此可以看出，金国很担心宋朝食言，无力攻打燕京，如果出现这种情况，那么，金国就会改变态度了。后来的事实证明，金国对此事的关注是很有预见性的。

宋徽宗对金朝国使斯剌习的到来甚为重视，在崇政殿亲自接见了斯剌习一行人，并在童贯府第赐宴。宋徽宗向斯剌习提出，贵国兵马早到西京攻辽，最为大事。反映出宋朝对攻打辽国能否取胜缺乏信心，处处依靠金国兵马攻辽。后来的事实证明，由于政治腐败，宋军一接触辽军即溃不成军。斯剌习当场告诉宋徽宗，"本国兵马必不失信"。

随后，九月二十日，由登州兵马钤辖、武义太夫马政持宋朝国书，随同斯剌习前往金国，马政的儿子承节郎、京西北路武学教谕马扩同行。宋朝国书答应了金国的要求，强调灭辽以后，必须割还山后云中府土地。如果金国兵马不攻打西京，便是失约。

马政到了金国以后，出示了宋朝国书。"阿骨打不认所许西京之语，且言平、滦、营三州不系燕（京）地。"马政对以前宋、金约定之事并不清楚，虽不赞成却又拿不出证据来，拖延了许久而无结果。金朝君臣认为，宋朝一再强调金国应先出兵攻辽，说明宋朝没有做好出兵攻辽的准备，只是将给辽国的银、绢转让给金国，以赎回燕京汉地汉民而已。

马政之子马扩曾应邀与阿骨打一起出去打猎，对女真人的生活有仔细的观察和了解。回国以后，马扩撰写了《茆斋自叙》，后来被收入《三朝北盟会编》一书中，是了解女真人生活的重要的第一手资料。

---

① 《三朝北盟会编》卷1至卷5，上海古籍出版社缩印本，第1—37页。

四 宋、金态度的改变

宣和三年（1121）正月，金国派遣曷鲁、大迪乌（大迪乌通汉语）随同马政一起来开封城，并带来了金国的国书。其国书称：只有宋、金两国同时出兵攻打辽国，所许的条件才能够实现。至于西京之地，"只请就便计度，收取如难，果冀报示，有此所由，未言举动的期"。这种言论反映出金国的态度有所改变。

曷鲁来到开封城以后，由国子司业权邦彦、观察使童师礼负责接待。没过几天，童师礼向权邦彦传达了宋徽宗的圣旨：大辽已知道了宋、金海上往来，难以实现以前双方所议之事。对于"海上之盟"，宋徽宗"深悔前举，意欲罢结约"，要求赶快打发曷鲁返归金国。宋朝态度冷淡，没有像以前那样派陪同人员。宋朝交给曷鲁带去的国书，一方面申述"所有汉地等事并如初议"，一方面又强调只有"闻（金国）举兵到西京的期，以凭来攻，顺履清秋"。

阿骨打见到了宋朝的国书，知道宋朝已经改变了主意，不可以相信了。于是，命粘罕、希尹等将领渡过黄河，前去攻打辽中京城（今内蒙古宁城县大明城）。以辽国降将耶律余睹为先锋，急行军，一日一夜走了三百里，直逼辽中京城下。从早晨到中午，只用了半日的时间就攻克了辽中京城。金国军队快速攻城，是因为听说辽国皇帝耶律延禧住在此城中，意欲活捉辽国的皇帝。在攻下中京城以后，才得知在攻城的前一天夜里，耶律延禧闻讯已逃往燕山（即燕京）去了。

宋、金"海上之盟"，始于马植（李良嗣、赵良嗣）和童贯，而为宋徽

宗所采纳接受。当时，太宰郑允（居）中、知枢密院事郑询武等人都曾上书宋徽宗，提出要信守宋、辽"澶渊和议"，罢遣女真人使，中断与金国的谈判。郑允（居）中在朝堂之上，曾责备蔡京说："李良嗣欲快己意，公为首台、国之元老，不守两国盟约（按：指澶渊盟约），辄造事端，诚非庙算。"①不过宋徽宗、童贯、蔡京等人热衷于"海上之盟"是有原因的，这就是宋朝软弱无力，军力不强，只凭自己的力量是打不败辽国的，难以收回燕云。故而想借助于金国的兵力灭辽，用银绢的代价来收回燕云十六州。

在宋、金海上往来的过程中，金国逐渐认识到宋朝的软弱性，了解到了宋朝兵力不强。因此，辽国灭亡以后，随即挥师南下，灭亡了北宋。在"海上之盟"的交往中，如果宋朝不示弱，而是示之以强，让金国知道宋朝已做好准备用武力收回燕云之地，金军就不敢轻易南下。国势软弱就要挨打，从宋、金关系上来看，是最清楚不过的了。这历史的教训，值得我们永远吸取的。

---

① 《三朝北盟会编》卷1，政宣上帙一，上海古籍出版社缩印本，第3页下栏。

【第四章】

宋朝如何谋取燕京

一 对北辽的劝降

辽朝皇帝耶律延禧自中京败退以后，向远离女真人的西北方逃去，经过燕山进入夹山之中。夹山即阴山西段，今呼和浩特、包头附近的大青山。当时，阴山西段沟谷纵横，森林茂密，可以隐藏千军万马。耶律延禧认为，藏匿于此山中，女真人便很难找到他。何况夹山北有沙漠，南有沼泽（今昭君墓附近即有古沼泽），交通险阻，女真人很难进入夹山之中，这里是最安全的地方。不过耶律延禧进入夹山以后，便与外界失去了联系，引起辽国上下一片恐慌。

由于古代皇帝是国家的首脑和行政中枢，整个国家机关都要听从皇帝的旨意运转，因此国不可以一日无君，由于耶律延禧生死不明，契丹贵族只好拥立新皇帝，这新皇帝就是耶律延禧的叔父，契丹名叫耶律涅里，汉名叫耶律淳。他被封为秦晋国王，又称九大王，当时驻守于燕京（即辽南京），又被民众称为燕王。耶律淳驻守燕京十余年，番（契丹）、汉关系处理得比较好，上下相安，官民和谐，深得民心。当时，女真人的势力尚未到达燕京，燕京是比较安全的地方。于是，宋宣和四年（1122）三月，在契丹、汉族百官的劝说之下，耶律淳被拥立为皇帝，号天赐皇帝，改元建福。一个国家不能同时有两个皇帝，于是将耶律延禧降为湘阴王。耶律淳所建立的朝廷，被后世史家称作北辽，因为燕京偏北的缘故。

辽朝政权的更迭，使契丹贵族内部矛盾加深，本是宋朝攻取燕京的极好机会；而且根据宋、金"海上之盟"的约定，宋军必须出兵攻打燕京，与金国相配合行动。然而宋朝的君臣却打错了算盘，他们抱有侥幸心理，误认为北辽局势不稳，兵力不强，通过劝降的办法，耶律淳就会乖乖地投降，轻而易举即可收复燕京。这种不切合实际的幻想，使宋朝变得愚蠢可笑，由主动变成被动，接连出现政策上的失误。

出于对北辽局势的错误估计，在北辽建立的次月，即宣和四年（1122）四月，宋徽宗任命宦官出身的童贯为陕西河东河北路（河东为今山西）宣抚使，企图不动武力以宣抚（即招降）的方式收回燕京。与此同时，宋徽宗又向燕京管内的官吏军民百姓发出一道诏书，号召包括天赐皇帝在内的辽朝官兵百姓举手投降。诏书称，耶律淳如能投降，可以世享王爵；各州县城寨的文武官吏投降，可以官封原职；士兵投降，可以给予奖励，愿意回家务农的人，可以免除三年赋税。

此后不久，童贯又向耶律淳发出劝降书，并派张宪、赵忠二人送至燕京进行游说，重述宋徽宗诏书之意，称："如能开门迎降归朝纳土，使国王世世不失王爵之封，燕人亦无蹈斧钺之患。"[①]耶律淳见了大怒，立即将前来游说的张宪、赵忠二人斩首。

然而童贯仍不死心，改派马植（赵良嗣）以宋朝阁门宣赞舍人的身份前往燕京，以宋朝使节的身份拜见耶律淳，说明了来意。耶律淳指出，宋朝与辽朝讲好百有余年，忽而逾前盟，以兵临境，"曾不畏天"（意为受天罚）。并向马植出示了宋真宗的御容和辽圣宗的御容，并令翻译人员宣读了"澶渊之盟"的两国誓书，誓书中明文规定宋、辽永世和好，今日宋朝违约，马植只好无功而返。

---

① 《三朝北盟会编》卷6，政宣上帙六，上海古籍出版社缩印本，第41页上栏。

二 宋军在白沟、范村的失利

两次劝降失败，童贯深知对耶律淳劝降已不可能，便采取了武力征伐的办法，兵分两路开赴燕京。东路兵马由种师道统率，向白沟（今河北容城县白沟镇）进军；西路兵马由辛兴宗统领，向范村（今河北涿州西南）进军。然而两路进军都以失败告终。

耶律淳对宋朝早有防备，令耶律大石（此人后来成为西辽的创始者）充西南路都统，带领奚、契丹2000骑屯驻涿州新城县。童贯认为辽军不堪一击，事实并非如此。种师道部下裨将杨可世受童贯影响很深，他误认为宋军一入辽境，辽人"必箪食壶浆以迎"，因此，只率领了轻骑数千贸然而进，结果在兰沟甸遭到耶律大石的痛击，大败而归。耶律淳增派的3万大军渡过白沟，进入宋朝境内，又把宋军打败。种师道率领的主力部队进军白沟，为耶律大石和萧幹所截击，"不战而还"。种师道是北宋名将，何以兵败无功？其原因是所统官兵受童贯影响的结果。童贯约束宋兵："燕，吾民也，苟王师力能接纳，自来归附，但坚壁为备，必有内变，切不可杀一人。"[①]杨可世部下赵明是一员骁将，却手持黄榜旗劝说辽军投降，耶律大石看罢，立即下令射击，"矢石如雨"，宋军措手不及，赵明"胸腹均中流矢，手杀数十人得免"。

宋东路军在白沟失利的第二天，由辛兴宗统率的西路军在范村也被辽军打败。迎战的辽军首领萧幹，为了观察宋军情况，登上一座孤山，"张盖据胡床以观我军"（胡床即折叠床），然后下山指挥辽兵接战，将宋军包围于山

---

① 《三朝北盟会编》卷7，政宣上帙七，上海古籍出版社缩印本，第48页下栏。

下，宋军王渊、刘光远、翟进、赵诩等将领接战，王渊中枪负重伤，宋军不利。这时，辛兴宗赶紧征调杨可世前去增援，并亲自督战，最后宋军退出战场。种师道在白沟受挫，只好退到雄州（今河北容城县），童贯的陕西河东河北路宣抚司，即驻在雄州城中。萧幹率领的辽兵，乘胜追击到雄州城下，气焰十分嚣张。此次宋军失利，完全是宋徽宗、童贯对辽朝耶律淳的错误指导方针所造成的，然而童贯却把种师道当成了替罪羊，弹劾他指挥不力，迫使种师道告老还家。

童贯在军事失利的情况下，又想出一个新主意，即对耶律淳周围的汉族官员进行策反。把策反的目标锁定在李处温。李处温是拥立耶律淳的重要人物，曾任辽朝宰相之职，在燕京有很大影响。马植（赵良嗣）在辽朝做官时，与李处温是莫逆之交，他自称在燕京北极庙与李处温拈香盟誓，共图灭契丹还宋。于是，童贯令马植致书信给李处温，重述旧情，要求李处温广结义士，作为宋军的内应，打开燕京城门，迎接宋军入城。李处温接到了马植之信，积极响应，令其子李奭以帛书回答。李处温与其弟李处能、其子李奭等人，分头联络义士，自备3000马甲，并筹集7000贯金钱，作为活动之资。当耶律淳病至临危之际，李处温曾想关闭燕京城门，将契丹兵拒之于城外，然后请宋军声援，挟持萧妃纳土归宋。

然而有一个永清县名叫傅遵说的人，揭露说李处温曾通过易州富民赵履仁与童贯通书信，勾结宋朝为外援，挟持萧妃纳土归宋。萧妃得知此事，立即逮捕了李处温、李奭父子，李处温称这是谣言。萧妃历数其罪恶，李处温无言以对，萧妃令其自尽，其子李奭被凌迟处死。[①]据宋人记载，李处温一方面与宋朝联络内应，另一方面又与金国暗中来往，欲做金军的内应，则其人是一个政治投机分子。不过宋朝对此并不知情，在取得燕京以后，加封李处温为广阳郡王，又封其子李奭为保宁军节度使，将李氏本宅改作李氏祠庙。

北辽皇帝耶律淳于宣和四年（1122）六月病死以后，由萧妃（又称萧后）主持朝政。这时出现了种种谣言，说萧妃欲杀戮汉官，结果引起了燕京汉

---

① 《辽史》卷102，《李处温传》，中华书局校点本，第1441页。

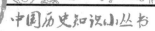

族官员的恐慌。九月十五日，知易州高凤与通守王琮合谋降宋，派遣僧人明赞到雄州童贯的宣抚司，表示欢迎宋军派兵进攻易州，他们愿意为内应，杀死城内的契丹人。童贯令都统制刘延庆问明情况，约定九月二十日宋军攻打易州。刘延庆派刘光远为先锋进军易州，却没有想到刚抵达白沟，即遭到了辽国牛栏军1000余人的截击。当日晚，牛栏军至易州城下，得知高凤降宋，无法入城，只好奔向北方。于是，易州城落入宋军之手。同年九月二十三日，辽将、涿州留守郭药师囚禁了契丹人刺使萧庆余，派团练使赵鹤寿率兵800、骑500向宋朝投降，涿州也落入宋朝手中。由于汉官的投降，才使宋朝收回了燕京所属的易州和涿州之地。

三 刘延庆的溃败

郭药师的降宋，对主持北辽朝政的萧妃是一个重大的打击。当时，阿骨打率领的金军，已经到达了奉圣州（今河北涿鹿县），萧妃产生了恐惧之感，她召集了番汉大臣开会，研究北辽的去向，是投靠宋朝，还是投靠金国。于是，分别派出使臣前往宋朝和金国。萧容、韩昉二人前往宋朝，他们来到了雄州（今河北容城县）见到了童贯，北辽所上的书表称，要向宋朝纳款称臣。童贯认为，只纳款称臣还不够，必须纳土地才能接受。其实，纳款称臣就是纳土投降，韩昉笑说："纳款即纳土也，虏种类杂未易图，朝廷当思两全，无贻后日之悔。"[①]童贯将萧后的书表送给宋徽宗，宋徽宗读了以后，只是感到欣快而已，并没有予以回应。

在种师道被迫辞职以后，由刘延庆为都统制，即前线总指挥。他认为宋军数量比北辽多出数倍以上，战胜辽兵是没有什么问题的。萧后的使臣到达宋朝以后，没有取得宋朝的明确回应，于是积极备战，萧幹在燕京城外十里设营以迎击宋兵，宋兵未能轻进。这时，降将郭药师献计说，萧幹兵在城外，如果以轻骑乘胜捣其城内，城内汉民得知宋军入城，必积极内应配合，燕京唾手可得。刘延庆赞成郭药师的谋略，即命郭药师率领其投降的士兵千人为先导，杨可世率领宋兵六千为后援。夜半渡过卢沟河，到达了三家店（今仍其名，在北京门头沟区）。第二天早晨，郭药师派其部下甄五臣带领50人混杂在郊民之中，夺取了迎春门，郭药师率领其余人马很快冲入城中，将燕京外城的七门

---

① 《三朝北盟会编》卷10，政宣上帙十，上海古籍出版社缩印本，第71页上栏。

守住。不过燕京内城仍未能攻入，萧后闻郭药师之兵入城，一方面组织兵力抵抗，另一方面令萧幹之兵火速回城。郭药师派人给萧妃带信，要她赶快"释甲拜降"。郭药师的士兵与守城的契丹兵进行巷战，战斗非常激烈。郭药师的士兵毫无军纪可言，随意抢劫民财，奸淫烧杀，结果激起了城内居民的反抗，他们起而协助契丹兵反击郭药师，郭药师的士兵死伤相当严重。郭药师的士兵在城内连续厮杀三昼夜，由于没得到城内汉人的帮助，饥饿交加，极度疲劳。正在这时，萧幹的大兵被召回入城，投入战斗，成为一支生力军。郭药师的士兵渐少，想从城门突围出去，可是城门吊桥已被截断，郭药师等部分人爬上城墙，垂绳而下，有些士兵跌入护城壕中淹死，城壕中堆满了尸体。未来得及逃出城的士兵，均被萧幹杀死。结果郭药师的一干人和杨可世的六千士兵大部分战死，只剩下400余骑逃命。萧幹率领的契丹兵大获全胜，获得宋军战马5000余匹，铠甲4000余副。郭药师、杨可世逃到安次县（今河北廊坊市），然后转到涿州集中。郭药师偷袭燕京之策，应当说是很正确的，结果却以失败告终，其主要原因是军纪不好，不仅得不到燕京城内居民的支持，居民反而协助守城的辽军共同作战，杀死了许多宋兵。

在郭药师率轻骑偷袭燕京之际，刘延庆率领的主力军逐渐向燕京移动，到达永定河南岸距燕京城20里的地方安营扎寨。以兵力而言，宋军不算易州、涿州的士卒，仅刘延庆统率的即达15万人，而据守燕京的全部士兵不到2万人，宋军在数量上具有绝对优势。然而刘延庆胆怯，指挥失当，结果宋军再次惨败。

萧幹在将郭药师杀败以后，即将城内士兵调到城外，沿永定河北岸设防，与刘延庆的宋军隔河对峙。据《封有功编年》记载，萧幹自知守城辽兵数量不及宋兵，处于劣势状态，便采用了一个计策，将被俘的两个宋兵蒙上眼睛关进军帐之中，然后在夜半时分伪装议论军事说，宋兵来了十万同我们打仗，却不知道我们的兵力比宋军多三倍以上，只要我们兵分左右翼包围，以精兵冲进其中军大帐，以举火为号，保证能把宋军消灭。第二天将一名宋兵放回去，这名宋兵不知是萧幹设计，他把夜间所听到的如实向刘延庆作了报告[①]，使刘延庆大惊不已，他没有想到辽军比宋军还多，在内心深处便有了几分胆怯。没过多天，刘延庆连连接到报告，一是说郭药师偷袭燕京失利，大部分将士战死在燕京城中；二是说护送粮草的王渊在琉璃河（今北京房山区琉璃河）遭到了辽军的袭击，粮草全部被辽军劫走。听到这些不利的消息，刘延庆觉得燕京不可取，他秘密地告诉部下将领说：我们的粮草被敌人劫去，这里远离后方，应当赶快撤退，以免发生不利。

萧幹兵少，于是采取了心理战。除上述一事以外，又采取了一些办法。他渡河来到永定河南岸，向刘延庆出示了被俘虏的宋将赵端甫，他是郭药师手下主管文字的官员；又出示了郭药师和杨可世败逃之际，为了轻装所脱下来的全副铠甲。刘延庆看了这些，更加重了他退兵的思想。十一月二十九日夜晚，在永定河北岸荒野中出现了连绵不断的火光，刘延庆认为是辽军前来烧营所致，他惊慌失措，出现了风声鹤唳、草木皆兵的错觉，赶紧带领他的儿子刘光国、刘光世乘黑夜狼狈逃跑。主帅逃跑，其部下将领也纷纷撤退。在黑夜之中，逃跑的士兵在慌乱之中自相践踏，死伤很多，还有的士兵慌不择路，误坠山崖河涧者，不知其数。宋军第二天凌晨逃到白沟河时，又遇到了辽军的尾追堵截，死伤很多。

刘延庆自深州出兵至良乡，每日只行30里，每驻一地即令士兵修筑军寨，堆土为寨墙，四周挖壕堑，寨内设军营，每一军营都存有银绢一二十万，作为赏赐之资。在撤退的时候，由于刘延庆不是有组织地撤退，而是慌乱成一团，又是在夜间黑暗中逃跑，这些军寨中保存的大量银绢都没有来得及搬运，全部落入辽朝之手。当时宋朝人记载说，自宋神宗熙宁、元丰以来，为了恢复燕京所积攒的钱粮军械，经刘延庆这次败退，几乎全部丧失殆尽，国库为之空虚，其损失十分惨重。

刘延庆号称陕西名将，曾长期与西夏作战，屡立战功，然而却为童贯所忌恨，故任命刘延庆为招抚都统制，在前线作战，为他卖命送死。刘延庆深知

---

① 《三朝北盟会编》卷11，政宣上帙十一，上海古籍出版社缩印本，第76页下栏。

童贯的用意，不肯为他所用。故而尚未与辽军正式交锋，便下令退兵。从中不难看出北宋朝廷内部的矛盾和政治腐败。事后，童贯弹劾刘延庆不战自溃，宋徽宗最初下令将刘延庆投入狱中，秋后问斩。其后由于无实据可证，只好将刘延庆释放，被贬到筠州安置。后来，又重新被起用，官镇海军节度使。在"靖康之变"时，刘延庆曾作为守开封城的将领之一，却未能尽责尽力地守城，城陷之际他率先逃跑出城，在龟儿寺为金兵所杀。

四 金军攻占燕京

宋徽宗虽然委任童贯为山西河东河北宣抚使，主持收复燕京事宜，然而对他的活动很不放心，故而派遣了一名姓李的内侍，微服混杂童贯的军中，密切注视童贯的一举一动，当他探知"燕京既失，州县复陷，人民奔窜"的实情以后，曾暗中密奏宋徽宗，宋徽宗立即以手札斥责童贯误事："今而后不复信汝矣。"① 童贯见到宋徽宗的手札大为恐惧，既然宋兵无力收复燕京，只好求助金国。他派遣王瑰由易州、飞狐（今河北省涞源县）前往云中拜见阿骨打，要求金国快些起兵，与宋朝夹攻燕京。阿骨打表示，金兵将于十二月一日起兵，初五这一天可以到达居庸关，初六日宋、金合攻燕京。

由阿骨打统率的金国大军遵时于十二月五日到达了居庸关，并占领了居庸关。燕京城中的萧后和耶律大石当夜率领契丹车帐驻于城下，谎称野寨迎敌，抗击金军，实际上是做逃离的准备，宰相左企弓等人送行到城门以外。萧后表示，她要亲统大军，与金兵决一死战。言罢她与耶律大石一行人马连夜奔行，到达了古北口。在此契丹人耶律大石、萧后逃向阴山，投奔天祚帝，萧幹率领奚人、渤海人东行去奚王府（今内蒙古宁城县）。北辽至此土崩瓦解了。

十二月六日，阿骨打到达燕京，左企弓率领留守燕京的百官于仲文、曹勇义、刘彦宗等人向金军投降。在金军占领燕京以后，宋朝为了收复燕京，曾多次派遣使者到燕京城中与阿骨打交涉。由于宋军没有夹攻燕京，燕京是金军攻占的，因此，金国提出宋朝除把原给辽朝的岁币岁绢全数交给金国以外，每

---

① 《三朝北盟会编》卷11，政宣上帙十一，上海古籍出版社缩印本，第82页上栏。

年还需一百万缗的燕京代税钱。以粘罕为首的一些贵族，不赞成将燕京归还宋朝，应以涿州、易州作为宋金两国的分界。阿骨打表示："我与大宋海上信誓已定，木可失（信）也。待我死后，悉由汝辈。"①这正是后来粘罕、斡离不等人率兵南下伐宋的原因。

① 《三朝北盟会编》卷15，政宣上帙十五，上海古籍出版社缩印本，第109页下栏。

【第五章】

张觉叛金降宋成为金伐宋的借口

一 张觉降宋

燕京以东的平州（今卢龙县）、滦州（今滦县）、营州（今昌黎县），地处于燕京通往东京（今辽阳）的交通要道上，具有重要的军事、政治地位。在宋、金"海上之盟"的谈判中，宋朝多次提出平、滦、营三州应与燕京一起归还宋朝，却为金国所拒绝。其理由是平、滦、营三州不在燕云十六州范围之内，不是石敬瑭割让给辽国的土地，而是辽太祖天赞年间（922—925）所占领的。因此，金军在攻克燕京以后，只把燕京及所属的景州（今遵化县）、蓟州（今蓟县）、檀州（今密云县）、顺州（今怀柔区）、涿州（今涿县）、易州（今易县）六州归还了宋朝，其中涿州、易州是宋朝自己收回的，实际上金国只归还了燕京及所属四州之地。

金兵攻取燕京以后，平、滦、营三州也降于金。当时阿骨打等人急于移军西北，去捉捕辽朝皇帝耶律延禧，没有派兵占领平、滦、营三州，此三州仍由辽朝旧官管理。北辽萧太后曾命太子少保肘立爱知平州事，张觉（又作张毂）为其副手。张觉是平州宜丰县（今滦县），进士出身，在北辽时任辽兴军节度使，驻平州。在耶律淳病逝以后，张觉"预知辽国必亡"[①]，因此，他召集兵马，屯集粮草，得到了五万余人，战马千匹，选将练兵，招揽一批知识分子，谋议后事，以防不测。粘罕最初想法派兵3000人征讨平州，擒拿张觉。康公弼认为，这个办法不好，会激起平州的反叛，于是，粘罕派康公弼持金牌去平州打探张觉的动静，康公弼将粘罕的态度告诉了张觉，张觉以重金收买了康

[①] 《金史》卷133，《叛臣传》张觉，中华书局校点本，第2843—2844页。又见《三朝北盟会编》卷17，政宣上帙十七，上海古籍出版社缩印本，第119页上、下栏。

公弼，要他告诉粘罕平州不足惧，于是粘罕打消了攻打平州的计划。

宣和五年（1123）五月，燕京居民有人来平州，向张觉报告说，宰相左企弓等人不积极谋守燕京城，而是打开燕京城门向金军投降。现在金军要把燕京城居民迁移到金国内地，遭受流离失所之苦。要求张觉尽忠于辽国，拯救黎民于苦难之中。于是，张觉召集平州的官员将领开会，研究对策。有人说辽朝皇帝兵势复振，出没于松漠之南，如果明公能仗义勤王，奉迎天祚帝，大辽可以复兴。先以叛降之罪杀掉左企弓等人，将被迁的燕京人归国，"大宋无不接纳燕人，则平州遂为藩镇矣"。①张觉认为此事重大，不可草率，于是，请足智多谋的翰林学士李石来此，听取李石的建议，李石十分赞成此举。于是传令将官张谦带领军马500，将宰相左企弓、曹勇义、枢密使卢仲文、参知政事康公弼等人，挟持到滦河西岸听候处理。宣布了左企弓等人的六大罪状，将他们用绳索勒死于栗树林中。

据史愿《亡辽录》记载，张觉一方面拒绝金人之管辖，通好于萧幹（即回离保）。在府内则奉天祚帝画像，恢复了保大年号，每做一事，都要告诉天祚帝的画像，又宣称他要派人请回天祚帝，以兴复辽朝的统治。在他的周围有李石（李光弼）、高履（高党）、张钧、张敦固等一大批燕京旧官，为之出谋划策。②

同年六月五日，张觉派李石到宋朝，上书表于燕京的大宋宣抚司，表示了他背叛了金国，愿将平、滦、营三州土地人民献给宋朝。宣抚司詹度、主安中等人得知此事不敢怠慢，立刻密奏宋徽宗皇帝，提出要接纳张觉。宋徽宗和宰相王黼十分重视张觉来降，将平州改为泰宁军，以张觉为泰宁军节度使，派人将泰宁军牌、皇帝敕书以及任命张觉的诰命诏书以及各种礼物，送到张觉手中。③

宋、金在"海上之盟"的谈判中，宋朝一直将收回平、滦、营三州作为重要目的，然而金国却以各种借口不予退还，使宋朝大失所望。现在张觉将

---

① 《三朝北盟会编》卷17，政宣上帙十七，上海古籍出版社缩印本，第120页上栏。
② 《三朝北盟会编》卷18，政宣上帙十八，上海古籍出版社缩印本，第126页上栏。
③ 同上书，第126页。

平、滦、营三州献给宋朝，是求之不得的好机会。因此，宋徽宗和宰相王黼喜出望外。然而长期与金国从事"海上之盟"谈判的赵良嗣（马植），却认为这种败盟之举有很大的风险。他提出宋朝"新与女真盟，况女真方强，不可失其欢，乞斩李石以殉。"[①]宋徽宗大怒，王黼指责赵良嗣为童贯、蔡攸之党，"意欲坏成约也"，他的意见没有被采纳。后来的事实证明，宋朝招纳张觉为金国伐宋找到了借口，最后导致了金兵南下，灭亡了北宋政权。这个教训十分深刻。

---

① 《三朝北盟会编》卷18，政宣上帙十八，上海古籍出版社缩印本，第126页下栏。

二 萧幹失败

张觉据平、滦、营三州之地叛金，他自知其五万兵马是抵不住金朝的数十万大军。因此，他把希望寄托于辽天祚帝、奚王回离保和宋朝的帮助。然而他错误估计了形势，这些希望一个个落空。

祚帝逃入夹山，所携带的主要是身边的近臣、后妃、皇子，跟随他同行的契丹兵士不多。因此，天祚帝曾向西夏借兵。保大二年（1122）天祚帝转迁到夹山之后，西夏国王李乾顺派遣大将李良辅率兵3万来救辽，结果为金将斡鲁、娄室在天德境内野谷、宜水打得落花流水，时值河水暴涨，西夏士兵"漂没者不可胜计"。[①]

自此以后，西夏不敢再出兵援助天祚帝了。

西夏是辽朝的藩属之国，为了防止天祚帝逃往西夏，粘罕、娄室陈兵于云中（今大同）西夏边境上。于朔州（今朔县）、武州（今神池县）一线加强防守，每隔30里即驻守百骑以巡逻，绵延达300余里。宣和六年（1124）冬，天祚帝忽然听到一个消息，说粘罕要回金上京奏事，天祚帝特别畏惧粘罕，听说他要离开云中回国，认为这是他逃出夹山、投奔西夏的好机会，于是，他赶紧走出夹山。可是没有想到粘罕不知是什么原因又回到了云中，以大兵切断了其归路。天祚帝赶紧逃到小斛禄，这是一个很小的部族，在天德、云中之间。粘罕追击到小斛禄，只见到了天祚帝的后妃、诸子、宗室人

---

① 《金史》卷134，《西夏》，中华书局校点本，第2865页。

员，天祚帝不知去向。巡逻士兵发现有一人骑一骏马，还牵了两匹马向北方逃跑。娄室的部下追赶上去，一盘问原来正是天祚帝，于是将其逮捕。天祚帝的被俘，标志着辽朝灭亡了，这是宣和七年（1125）二月之事，粘罕将天祚帝降封为海滨王。由此可知，天祚帝自逃入夹山以后，惶惶不可终日，自身难保，哪有余力去帮助张觉。

萧幹即奚王回离保。辽代契丹人只有两大姓，皇帝姓耶律氏，后族姓萧氏。奚族原是一个独立的民族，后来被契丹人吞并了，都改姓萧氏。萧幹的家族世为奚王，在天庆年间（1111—1120），萧幹任奚六部大王，兼知东路兵马事。保大二年（1122）金军攻克辽中京，天祚帝逃亡夹山以后，萧幹与李处温等人拥立耶律淳为天赐皇帝，耶律淳任命萧幹知北院枢密事，兼诸军都统，北辽的整个军事都掌握在萧幹手中。此人勇敢善骑射，在与北宋的战争中屡立战功，郭药师偷袭燕京，就是被他击退的。对于耶律淳的北辽来说，萧幹是有功之臣；而对于天祚帝的大辽来说，他是逆臣。因此，在《辽史》中萧幹被列入《逆臣传》。

在金军攻下居庸关以后，他陪同萧后逃出燕京，在古北口与萧后分手，萧后投向天祚帝以后被处死，萧幹准备回箭笴山，这是奚人的根据地。他看到辽朝必亡，便于途中自立为奚国皇帝，改元天复（天阜），设立奚、汉、渤海三枢密院，即把军队分成三部分。当萧幹得知奚人居住地区出现了饥荒时，便又率师返回，兵出卢龙岭，攻破了景州（今遵化县），在石门镇打败了张令徽、刘舜仁，又攻陷了蔚州（今蔚县），至燕京城下抢掠，燕京城内甚为惊慌。幸好郭药师亲自率兵迎战，打退了萧幹，一直追到卢龙岭（约在今卢龙县境内）。又战于峰山，萧幹溃不成军，有5000多士兵向郭药师投降，并从萧幹那里缴获了一批重要的战利品。其中有辽太宗耶律德光的尊号宝鉴和契丹文涂金的官印数十种。不过萧幹很不甘心，为了抢劫人畜、财物，他还对附近的一些契丹部落进行征讨，奚人与契丹人关系密切，世代通婚，他的倒行逆施引起了部下的强烈不满，很不得人心。于是，萧幹被其部下亲信耶律阿古哲、外甥乙室八斤、家奴白底哥所谋杀。[1] 萧斡的溃败，使他自立的奚国只存在了数月之久，张觉原先指望得到萧斡的支持，也变成了一场空。

---

[1] 《辽史》卷114，《奚回离保传》，中华书局校点本，第1516页；《三朝北盟会编》卷18，政宣上帙十八，上海古籍出版社缩印本，第129页下栏。

三 张觉被宋斩杀

金军在攻下燕京城以后，没过多久即依照"海上之盟"的约定，将燕京城及周围的六州之地交给了宋朝。当时，辽国天祚帝仍在西北夹山一带活动，金军的主要目标是捉到天祚帝，灭亡辽国。对于平、滦、营三州之地只放到次要的地位，改平州为南京，任命张觉为南京留守。不久听说张觉有异志，准备背叛金国，阿骨打派刘彦宗和斜钵到张觉那里去，对其行径进行谴责。在张觉杀死左企弓、虞仲文、曹勇义、康公弼一批辽官以后，阿骨打又下诏南京官吏，表示要派兵攻打平州，"今坐首恶，余并释之"，对张觉再次发出警告。当时，金朝正在将燕京及近州的汉民特别是技艺之民强制地迁移到金源内地（今阿什河流域），称作"金内地"。张觉的军队在润州（今秦皇岛市）拦截了许多汉民，并计划控制迁州（今山海关）、来州（今绥中县西南）、隰州（今绥中东北）等地，封锁辽西走廊，当时这里是从燕京通往辽东的必经之地。

此事影响了金国的移民计划，金国急需燕京等汉地工匠去开发建设金源内地。于是，阿骨打派阇母从锦州（今仍其名）前去征讨张觉，双方互有胜负，在兔耳山阇母遭到惨败。金军虽然到达至平州城下，却因为兵力有限，无法攻下平州城。金兵退兵之际，在平州城门写上了几个大字："夏热且去，秋凉复来。"①

阇母没有攻下平州城，于是改由宗望（斡离不）攻打平州城。张觉在打

---

① 《三朝北盟会编》卷18，政宣上帙十八，上海古籍出版社缩印本，第128页下栏。

退阖母的攻城以后曾向宋朝报捷，驻在燕京城中的宣抚司准备了银绢数百以犒赏张觉。宋廷派李安弼携带宋徽宗的诏敕前去慰问。张觉准备带领平州城内官员出城迎接，不料走漏了消息，为金军所知，派数千骑前去偷袭，张觉不敢入城，逃往燕京，平州城为金军所占领。金军捉到了张觉的母亲和妻子，从其家中搜出了宋徽宗的诏敕，证明张觉与宋朝有往来，使金国对宋朝产生了仇恨，成了金国伐宋的主要原因。

张觉逃到燕京以后，改名为赵秀才，藏匿在郭药师军中。宗望已得知张觉逃往燕京城，便向宋朝发文书，指责宋朝的过错，要求将张觉交给金国处理。宋朝廷指示驻在燕京的军政长官王安中来处理此事，王安中最初向金军宗望表示，燕京所属州县甚多，难以寻找张觉的下落。宗望得到的情报是，张觉就隐藏在郭药师的甲仗库中，于是指出了张觉的藏匿地点。无奈之下，王安中只好把一个面貌与张觉相似的人杀死，将其首级送去。宗望等人一看是假人头，再次提出抗议。王安中无计可施，只好将实情告诉了张觉。为了平息这场风波，需要将他的人头交给宗望。张觉一听此言，便与王安中争执起来，大骂王安中不义。不过王安中还是杀死张觉，割了首级，浸上水银（水银有防腐作用），装入囊函，送到宗望军前。

王安中此举在常胜军中引起强烈反响。常胜军原名怨军，是辽朝天祚帝为了抵抗金国在辽东组建的一支汉人军队，后来退到燕京，天赐帝嫌怨军名声不好听，改名为常胜军，由郭药师任常胜军的统帅。在北辽衰落之际，郭药师镇守涿州，叛辽降宋，成为宋军的将领，收复燕京以后，协助王安中镇守燕京。听说王安中将张觉杀死，将人头送给金军，常胜军的官兵无不伤心流泪。郭药师气愤地说：如果将来有一天金国要索取我的人头，是否也会如此！①

受此影响，后来为自身安全考虑，郭药师又叛宋投金，带领金兵南下伐宋。由于郭药师对宋朝廷和山川非常熟悉，使金兵顺利南下，很快打到开封城，导致北宋灭亡。郭药师叛辽降宋，又叛宋降金，自然有其自身的原因，不过宋朝将张觉的人头送给金国，处理不当，确实震撼了郭药师的心灵，给他留

---

① 《三朝北盟会编》卷18，政宣上帙十八，上海古籍出版社缩印本，第131页下栏。

下了抹不掉的阴影。《金史》称："及（王）安中不能庇张觉而杀之，函其首以予宗望，药师深尤宋人，而无自固之志矣。"①这话说得很切中要害。

宋朝接纳张觉叛金，是为了取回平、滦、营三州，然而却未能协助张觉守住平、滦、营三州，只是企图从中渔利而已，并没有达到目的，却成为后来金军南下伐宋的重要借口，这是宋徽宗以及王黼一班宰执所没有料想到的。

① 《金史》卷82，《郭药师传》，中华书局校点本，第1833—1834页。

第六章

金军一下中原昏君退位

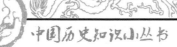

一 中原财富的吸引力

金朝最初把宋朝看成是大国、强国，认为宋、金联合起来夹攻辽国，借助于宋朝的力量，可以加快灭辽的进程，很快就可攻取燕京和西京大同。基于这种认识，双方通过聘使往来很快达成了"海上之盟"。

然而在攻打燕京的过程中，宋军屡吃败仗，损兵折将，只是由于郭药师和高凤的主动投降，涿州、易州才会回到宋朝的手中，并不是宋朝军队主动攻打下来的。这一事实充分暴露出宋朝的政治腐朽性和军事虚弱性。金朝的将领宗翰（粘罕）、宗望（斡离不）等人，逐渐发现宋朝原来只是一个外强中虚的纸老虎，在战争中不堪一击。金国的军队独自攻取了西京大同府和燕京，事实证明金朝要比宋朝强大得多。金国迟迟不肯履行"海上之盟"，最根本的原因是认为宋朝软弱可欺，不是它的对手。

另一方面，在"海上之盟"的谈判中，金朝的使节频频进出开封城，看到了皇宫的华丽壮观，皇帝生活的奢侈。看到了后宫多佳丽美女，还有歌伎、艺人。高贵的服饰，精美的金银器和工艺品，使女真使者大开眼界。宋朝的财富使他们羡慕不已，并为之垂涎三尺。金军占领燕京以后，将燕京城中歌伎、美女、工匠、艺人，以及僧侣、道士等各色人等强制迁往金国，目的就是利用这些人为他们创造皇帝、贵族所需要的各种物质财富和精神财富。

利用宋朝的劳动力创造财富，远不如直接抢劫宋朝的财富更方便省事。他们发现宋朝的开封城，要比辽朝的燕京更为富有，这就大大加强了对女真人的诱惑力。在战争中不仅女真贵族可以得到巨大的财富，就是一般的士兵也可以从中发财，得到好处。因此，攻打宋朝成为女真人上下一致的行动，在战争中女真士兵个个奋勇争先，有其深刻的社会原因。

当金军攻占了燕京，其上层贵族在商议如何向宋朝归还燕京及所属六州的过程中，以宗翰为代表的强硬派提出，既然在攻打燕京时宋朝没有按"海上之盟"合力夹攻，燕京就不能归还宋朝。只是由于阿骨打坚持言而有信，不能违约，宗翰等人不得不执行。不过阿骨打又表示说："待我死后，悉由汝辈。"这句话就成为阿骨打留给宗翰等人的遗嘱。

宣和五年（1123）六月二十一日，阿骨打准备将西京大同府所属的朔州、武州、蔚州之地交还给宋朝，[①]然而没有多久阿骨打即驾崩，此事未能实现。阿骨打长期奋战在征辽战争的第一线，劳累过度，身体健康受到很大的影响。金军占领燕京城以后，阿骨打曾巡视耶律淳的宫殿，"至燕京入内，见大殿摇动，出于城东柴村建寨，不旬日病"。[②]没有发生地震，怎么能够见大殿摇动？它反映出阿骨打因疲劳而精神恍惚，头脑发晕。宇文懋昭记载，阿骨打自入燕京以后，"酣歌宴乐，唯知声色之娱"，[③]而导致病死，系出自谣传，是不可相信的。

在阿骨打逝世以后，由其弟完颜晟（女真名吴乞买）即帝位，史称金太宗。金太宗与金太祖阿骨打不同，长期据守于上京城中，不到前方率军征战，宗翰得以独断专行，于是，宋金关系进入一个新时期，金兵开始大举南下伐宋。

---

① 《三朝北盟会编》卷18，政宣上帙十八，上海古籍出版社缩印本，第128页下栏。
② 《三朝北盟会编》卷18，政宣上帙十八，上海古籍出版社缩印本，第127页下栏。
③ 《大金国志》卷2，《太祖武元皇帝下》，中华书局校正本，第31页。

二 金军找到了伐宋的借口

张觉叛金降宋，直接激化了宋、金的矛盾，宗望的士兵在张觉的家里，查抄出他与宋朝的书信。据《亡辽录》记载，其中有宋徽宗"金花笺手诏"，文中有"共灭女真"之语。金国见此物件，得知张觉的叛金，确实与宋朝有关，这就是说宋朝背叛了"海上之盟"，"故其后执以为借口者，此尔"。①

金太宗即位之初，宗翰、宗望等将领曾提出："请勿割山西郡县与宋。"所谓山西郡县，即辽西京大同府所属的十州地，又称山后土地。金太宗回答说："是违先帝之命也，其速与之。"②然而宗翰等人拒绝执行，山西郡县是在宗翰的管辖之下，最后金太宗只好采纳宗翰的意见，不再提山西州县归宋之事。

宗翰、宗望等人为了南下伐宋，做了许多准备工作。从南京（平州）到京师（金上京）"每五十里置驿"，又"置驿上京，春、泰之间"，以加强前方与后方的联系。金太宗十分重用宗翰，授权他可以"便宜行事"，又给他增加兵源。金太宗又重赏宗望攻克平州之功，诏谕南京官员，小大之事均由宗望决定，不必"专达朝廷"。这样，宗翰、宗望的地位提高，权力加重，目的是为了便于伐宋。

宣和七年（1125）五月，金军捉住了天祚帝，八月将天祚帝押送到京师。金太宗见到了天祚帝，得知辽国确实已被灭亡。十月即下诏伐宋，决定以

① 《三朝北盟会编》卷18，政宣上帙十八，上海古籍出版社缩印本，第131页上栏。

② 《金史》卷3，《太宗纪》，中华书局校点本，第49页。

完颜杲（女真名斜也，为金太宗之弟）为都元帅，留守京师。以宗翰为左副元帅统率西路军，由西京南下太原；以宗望为南京路都统，以挞懒为六部路都统，以刘彦宗兼汉军都统，由南京出兵燕山（宋朝收回燕京以后，改燕京为燕山府）。后来，宗望升为右副元帅，成为东路军的统帅。金国这一次南下中原伐宋，宗翰、宗望分别是西、东两路的总指挥。因为此二人在征辽的战争中，都与宋朝有一定的接触，对宋朝比较了解。事实证明，宗翰、宗望等人骁勇善战，与宋朝将领的贪生怕死成为明显的对比，是金胜、宋败的重要原因。民谚说，兵熊熊一个，将熊熊一窝，统兵作战的将领素质的好坏，在很大程度上影响到了战争的胜负。

三 童贯逃离太原

在辽朝帝逃入夹山以后，金国一直把用兵的重心放在西京大同府一带，宗翰长期驻兵于此。在没有捕获天祚帝以前，宗翰密切监视天祚帝与西夏、宋朝的来往，发现了宋朝与天祚帝之间有暗中的秘密往来。

据《北征纪实》，在天祚帝逃入夹山以后，宋徽宗周围的一些人曾献计说，天祚帝"心素侈，多慕中国，故其失势也，亦愿来归"。基于这种分析，曾找到一个番僧带礼物去见天祚帝，探听他的动静。番僧往来途中必须经过云中，此事最初很神秘，时间长了便被金兵所发现，宗翰知其详细情况。宋徽宗在给天祚帝的诏书中说，如果天祚帝来投降，则待以皇兄之礼，其地位应在燕、赵二王上，筑第千间，设女乐300人。天祚帝见此诏书，非常高兴，约定了日期准备与童贯相见。[①]宗翰得知此事，加强了防备，设计诱天祚帝出夹山而捉之。

宗翰掌握上述情况以后，积极主动伐宋。在俘虏天祚帝不久，宗翰便着手伐宋的准备。他以各种名义不断地派遣使者至宋，其实是为了侦察山川、道路情况，寻找伐宋的进军路线。还派辽国的降将耶律余睹到蔚州柳甸大点兵，作军事组织的调整和培训，又在蔚州、飞狐等地屯兵、收集粮草。宋朝边境的情报人员曾把这些情况飞快地传递给驻在太原的童贯，然而童贯置之不理，他不相信金兵会南下伐宋。不仅如此，童贯还奏请宋徽宗撤除宋、辽边界线上的军防城堡和军事机构，将安肃军改为安肃县（今徐水县），将永宁军改为博野

---

① 《三朝北盟会编》卷21，政宣上帙二十一，上海古籍出版社缩印本，第154页上栏。

县（今仍其名），将保定军改为保定县（今保定市）。这些军防是宋真宗景德年间为防御契丹而建，一旦撤除了便等于自毁长城。童贯认为，燕京（燕山府）已变为宋朝领土，这些在燕山以南的城防便失去作用，没有继续存留的必要了。其实，这种做法正是为金军南下扫除了障碍。

宣和七年（1125）十二月三日，宗翰派撒卢母、王介儒来太原，向童贯提出，宋朝接纳张觉之叛，就是背叛"海上之盟"，并告诉童贯说，宗翰已兴兵伐宋。实际上宗翰是向童贯下战书，其实此时宗翰的大兵早已启程，进入忻州、代州之境。身为宣抚司的长官，童贯听到此消息本应组织各路兵马御敌，然而他却被金兵吓破了胆，魂不附体，决定马上逃回开封。当时主持河东（山西）军务的张孝杰，当着童贯之面提出："大王勾集诸路兵马，并力支吾；今大王若去，人心骇散，是将河东路弃于贼。"童贯听了此言，怒目而视，竟恬不知耻地说："贯止是承宣抚，不系守土。若宣司驻此经营，却要帅臣做甚！"[①]当时也在太原的马扩提出，如果童宣抚一定要离开太原，可以驻节真定（真定是河北路治所）。河北与河东不同，无险可守，属于平旷之地，利于金国骑兵奔驰。童宣抚应在此调集兵马，阻止金兵南下。童贯对此建议不予采纳，大怒说：你家在保州（今保定），故而要我坐镇真定，去保护你的家眷！

童贯以各种借口拒绝了张孝杰、马扩的建议，逃回了开封。童贯身为宣抚使，担负着保卫国土的责任，却在金兵南下的关键时刻逃之夭夭，这对于河东（今山西）、河北路府州县的军政官员产生了深远的影响，他们只有极少数奋勇抗击金兵，大部分是闻讯而逃，逃不掉的则打开城门投降，使金军得以没有遇到什么抵抗，如入无人之境。

宗翰认为，代州有险可守，很难通过，因为代州的家计寨属于易守难攻之地，在此可能会遇到几场恶仗。然而出乎他的意料，代州守将李嗣本却下令向金军投降，没有进行任何抵抗。金军到达忻州，知府贺权打开城门，敲锣打鼓地欢迎金兵。石岭关是著名的关隘，守关的耿守忠却没有据险抵抗，而是主动开关投降。于是，宗翰之军几乎没有遇到什么抵抗，很快就到达太原城下，

---

① 《三朝北盟会编》卷23，政宣上帙二十三，上海古籍出版社缩印本，第168页下栏。

将太原城重重包围起来。

太原是河东重镇，听说太原被围，四周许多州县派兵来援助张孝纯，然而都被强悍的金兵所打败。知忻州府的孙翊，率领仅有的2000兵来援助太原，忻州城的守将在孙翊离开以后不久，很快就投降了金军。孙翊之兵在失去了后方支援以后，虽经奋力苦战，最后却全军覆没。麟州（今陕西省神木县）的折可求，延安府的刘光世，闻太原被围，东渡黄河来援助太原，由于不熟悉太原一带的地理环境，遭到宗翰的偷袭，溃不成军。

太原城是金兵西路军南下的必经之地，宗翰发誓必须攻克太原城，因为只有攻下太原城，才能解除金兵继续南下的后顾之忧，顺利到达开封城。太原城被金兵围困260余日，城内粮草断绝，出现了人吃人的现象，难以继续抗击金兵，最后太原城被金兵攻破，张孝纯被俘，宗翰最后实现了占领太原的目的。

四 宋军溃败宋徽宗退位

在宗翰之兵由大同南下的同时，宗望统率的东路军由南京（平州）出动，向燕山府（燕京）进军。这是事先确定好了的动兵时间，金军东、西两路同时南下，显然是为了分散宋军的兵力，易于各个击破。燕山府境的松亭关、韩城镇、符家口、石门镇、野狐岭、古北口的宋军不战而溃，金军很快地占领了清州（清州是宋朝新设之州，在今玉田县）和檀州（今密云县）。正在此关键时刻，驻守燕山的蔡攸（蔡京之子）却提出废除安肃军和保信军，降为梁门县、遂城县。安肃军、保信军是宋太宗时设立的，是防御契丹南下的要害之地，在澶渊之战时被称作"铜梁门、铁遂城"。①蔡攸不仅撤销了安肃军、保信军的建制，而且下令拆毁楼橹等守城设施，正中金军的下怀。蔡攸认为收回燕山以后，"铜梁门、铁遂城"已由原来的边城变成了内地，没有必要在此驻兵设防。他的这种认识与童贯完全一致，反映出他们高枕无忧，对金军南下缺乏警惕。童贯、蔡攸的错误言行，影响了宋军上下，由于缺乏防敌的准备，在金军来临之际，有的弃城而逃，有的开城投降。

宗望向燕山府进军之际，主管燕山军事的郭药师，曾布防于三河县（今仍其名）和燕京之间，在白河上郭药师与宗望反复交战，由于郭药师受张觉悲惨下场的影响很深，他不肯为宋朝卖命，最后投降了宗望，协助金军攻占了燕山府，时为宣和七年（1125）十二月十日。宋朝自宣和五年（1123）四月十七日收回燕山，到此只有二年又被金军占领。

郭药师投降宗望以后，宗望以郭药师为前锋，带领金军向河北路（今河

---

① 《三朝北盟会编》卷23，政宣上帙二十三，上海古籍出版社缩印本，第167页上栏。

北省）进军。所过州县几乎没有遇到什么抵抗，大小宋朝文武官员，竟向金军投降。中山府（定州）守将王彦、刘璧听说金兵来攻，赶紧率领部下2000人向金军投降。金军乘胜南下，如入无人之境，顺利地攻占了真定府（今正定）、赞皇（今仍其名），然后包围了隆德府（今山西长治）。宗望最初认为隆德城池坚固，守城士兵也比较多，恐怕一时难以攻取。却不料部将抵不也独率本部兵马，一举攻克了隆德城，守城的杨信功当了俘虏。

宋朝廷得知金军攻占了燕京城，长驱直入又占领了信德城（今邢台），有些惊慌失措，急令威武军节度使梁方平率领7000骑去守睿州（今河北浚县），令步军都指挥使何灌率兵20000人去把守黄河。当时黄河的走向与现在不同，从荥阳以北的汜水关转向东北流，流经了滑州之北、黎阳（今浚县）之南，开封城远离黄河。滑州是当时黄河上的重要渡口，称作白马津。梁方平到达滑州以后，不是积极设防，探取金兵的消息，而是整天与其部下饮酒作乐。有一天忽然听到金军已进抵黄河对岸的睿州，梁方平不是组织士兵进行抵抗，他有些不知所措，而是赶紧下令烧毁黄河上的木桥，仓皇逃往汜水关（在今郑州西南）。其实，黄河的木桥并没有完全烧毁，尚保留有28根桥杠。金兵很快修复了黄河木桥，顺利地渡过了黄河，沿黄河南岸追击梁方平。梁方平刚逃到汜水关，即得知金兵尾随其后追到汜水关，其统率的7000大军尚未与金军交兵，即自行溃散，完全丧失了战斗力。何灌原指望梁方平能守住黄河大桥，在听说梁方平弃桥而走以后，他所统率的20000大兵也溃不成军，做鸟兽散，何灌本人则逃入开封城中。

梁方平与何灌均未与金军交兵，即自行逃跑溃散，可以看出宋朝的官员是何等的贪生怕死。这样的军队是无法与金军打仗的。当宗望统率的大军到达黄河北岸时，黄河南岸竟找不到一名宋朝的士兵把守。他们先找到十余只小船，每只小船只能载5—7名士兵，从容地渡过了黄河。后来在黄河对岸又找到了大船，全军渡河前后持续了六日，大队人马才全部到达了黄河南岸。在此期间，没有遇到宋军的任何阻击。事后，宗望感慨地说：南朝真是无人，若是有一两千人把守黄河，我们的大军岂能渡过黄河！①

金军尚未到达黄河岸边，宋徽宗即被南下的金兵吓破了胆。宣和七年（1125）十二月二十日，宋徽宗下罪己诏，求直言，罢花石纲。十二月二十三日，宋徽宗宣布退位，由皇太子赵桓继位，改元靖康，史称宋钦宗，宋徽宗成为太上皇。然后宋徽宗带领后妃、太监，逃亡淮南东路的亳州（今亳县）避难去了。宋徽宗把他自己造成的罪恶后果，一律推给他的儿子宋钦宗去承担。由此不难看出，宋徽宗是一个毫不负责任的昏君。

当时，宋朝有常备军80多万，其武器、装备、粮草充足，远强于金兵。金兵远道而来，缺乏给养，一路以打劫为生。如果宋军能坚守城池，与金军抗拒，金军便会大量减员，削弱其战斗力。然而宋朝上下腐败，特别是受童贯的影响腐蚀甚深，个个贪生怕死，在困难当头的关键时刻，或弃城而逃，或举旗投降，这样的国家岂能不衰亡。

---

① 《三朝北盟会编》卷27，靖康中帙二引《南归录》，上海古籍出版社缩印本，第198页上栏。

【第七章】

金军二下中原北宋灭亡

一 割让三镇之争

宗望率领的金军直抵开封城下，他下寨于开封城城西北的牟驼冈。然后派燕京的归降人、汉官吴孝民至开封城中，向宋朝廷传达了宗望的旨意，指摘宋朝招纳张觉，违背了"海上之盟"。提出如让金国退兵，必须满足金国的四项要求。这四项要求是：

第一，以康王赵构、少宰张邦昌为人质，送往金国；第二，将中山府、河间府、太原府以及所属的20州56县，割让给金国；第三，向金军提供白银1000万两，作为犒军之费；第四，依契丹旧例，金、宋以伯、侄相称，即宋为侄国，金为伯国。

在以上四个条件中，以割让中山、河间、太原三府最为重要，也最难实现。按此要求，黄河以北的河北路、河东路，都变成了金国的领土，宋、金以黄河为界。这是金军南下以前就确定了的目标。

对于金国的要求，宋朝廷内部分成了两派，宋钦宗和主政的白时中、李邦彦、张邦昌、李梲属于主和派，他们认为只有与金国求和，才能保住开封城。只有李纲是主战派，他提出应"整军马，扬声出战，团结民心，相与坚守，以待勤王之师"。[①]朝廷内外有许多人上书朝廷，反对割让三府（又称三镇）。太学生杨诲上书说，太原、中山属于要害之地，可以扼住敌人的咽喉，一旦割让给金国，便失去了御敌的屏障，有利于金军的南下。晁基上书说，以河北的历史地位来看，得河北即得天下，失河北即失天下。杨时上书说，割让

---

① 李纲：《传信录》。《三朝北盟会编》卷27，靖康中帙二，上海古籍出版社缩印本，第202页下栏。

三镇是"助寇而自攻"，会失去民心，丧失士气。这些言论反映出多数官员和广大民众的心声。

不过宋钦宗的周围全是主和派，宋钦宗采纳了主和派的意见，派知枢密事李梲，数次前往牟驼冈的宗望大帐中，经过反复谈判，最后全部接受了金国的四项要求。中山、河间、太原三镇割让给金国的消息传出以后，全国上下，特别是三镇的军民一片哗然。为了平息军民的反对，宋钦宗派知枢密院事路允迪，带着皇帝的诏书宣谕三镇军民，要求他们必须遵照执行，不得拒违；如果拒违，便会引起宋、金战争，官民将"自取涂炭"。然而三镇的军民反应冷淡，特别是太原府知府张孝纯，仍然坚守太原城，不肯向宗翰的金军投降。

太原城周围40余里，自古以来便是河东重镇。宋代的河东，便是今日的山西，是以地处黄河大折曲以东而得名；山西是以地处太行山以西而得名，是晚近的称呼。宗翰自云中（今大同）南下，很快就包围了太原城，在太原城的四周，金军又修筑了一道城墙，将整个太原城包围起来，又遍植鹿角木，鹿角木又称鹿角叉，即阻拦人马通行的木架子。其目的是为了防止城内的守军突袭。宗翰在太原城外，又修复了一座旧城池，作为他的指挥所，号称元帅府。张孝纯组织城内数十万军民坚守太原城，前后达260余天。由于城内与外界断绝了联系，城内粮草渐少，到最后全部用尽，士兵只好煮了弓、马甲筋皮充饥，居民则易子而食。由于饥饿的原因，大量的军民被饿死，未被饿死的士兵则苟延残喘，"倚墙瞠目，不能步走"，[①]即只能躺在城墙之下，无法站立起来，完全丧失了战斗的能力。

宗翰等到太原城内弹尽粮绝以后，下令攻城。太原城有内外两重城墙，防守相当严密。金军先攻破外城，守城的宋军全部进入内城。靖康元年（1126）九月三日，金军攻破内城。守城的副帅、太原府副总管王禀，得知金兵入城的消息以后，准备率领疲乏的士兵冲出西城门，由于西城门插板的绳索已朽断，无法打开城门，遂拔刀自刎，壮烈牺牲。太原府通判王逸誓死不屈金兵，怀抱宋真宗御容，令人纵火自焚而死。张孝纯持刀欲自杀，为左右卫兵夺

① 《张孝纯与男灏书》，《三朝北盟会编》卷53，靖康中帙二十八，上海古籍出版社缩印本，第398页上栏。

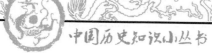
去战刀，最后为金兵活捉。宗翰令张孝纯投降，张孝纯大义凛然，不为所屈，绝食数日，后被宗翰下令强制灌粥入口，其后被押往云中。

宋钦宗迫于朝廷内外的舆论压力，最后改变了态度，将割让三镇改为将三镇的租赋交给金国。在太原失守以后不久，宗望即派使者王汭来宋朝索要三镇之地。王汭称，太原已被金兵所占领，中山府、河间府也应交给金国。宋朝廷坚持要以金帛宝货赎回中山、河间两镇。金国认为，宋朝廷违背了原先的许诺，于是就有了金军二下中原之举。

二 金军包围开封城

靖康元年（1126）二月，宗望在迫使宋朝订下"城下之盟"以后，满载从开封掠夺来的金银财宝北归，三月十五日宗望回到燕山府，宗望升为右副元帅，在燕山设立了元帅府。金兵从开封城下撤退，使宋朝的君臣大松了一口气，宋徽宗从归德又回到了开封城，住进了龙德宫。

当时，宋朝君臣认为金军已回去，威胁已解除，又可以相安无事了，将前来勤王的各路兵马遣散。投降派认为他们取得了胜利，可以高枕无忧了。只有李纲例外，他上书宋钦宗说，金军的撤退是暂时的，他们必须将从宋朝获得的大量金银财宝押运回去。天气渐暖，炎热的气候不适于女真人的生活，"臣恐秋高马肥，虏人必再至，以背前约。及今宜饬武备，修边防，勿恃其不事，恃吾有以侍之"。①李纲在上书中提出了备边御敌的八项措施，其中有在黄河下游建横海军，多养战马以供军需，疏浚河北塘泺、挖掘陷马坑，修复河北河东州县城池，储买粮草等。李纲所见极为重要，然而并没有引起宋钦宗的重视。他们不知道，金军正在制订第二次南下的军事计划。

为了大举伐宋，金国对军事机构进行了调整，将燕山都统府改作元帅府，由宗望任右副元帅，由刘彦宗主持燕山元帅府的日常工作。宗翰在云中设立元帅府，由王阽庆主持元帅府的日常工作。燕山元帅府又称燕山枢密皖，云中元帅府又称云中枢密院，当时的人们习惯将它们称作东朝廷、西朝廷。

六月末，金军东路统帅宗望、挞懒同西路统帅宗翰、希尹、耶律余睹等

---

① 《三朝北盟会编》卷45，靖康中帙二十，上海古籍出版社缩印本，第337页下栏。

人，在燕山以北（史称山后）的草地上召开了军事会议，共同商定了二次南下侵宋事宜，制订了周密的行军计划，仍分成东、西两路进军开封。宋朝对此事一无所知，李纲虽然预感到秋高季节金军仍会南下，然而他的意见没有引起宋朝廷的重视。

七月末，宗翰从云中增兵太原，下决心要攻取太原城。他担心如果不攻克太原城，西路军的大部分兵力，就会滞留在太原无法脱身，金军一旦南下，驻守太原的张孝纯就会袭击其后，腹背受敌。在增兵以后不久，即攻克了太原城，稳定了后方。

当时，燕山府及其附近州县，已成为金军南下的根据地。在宗翰从云中增兵以后不久，八月初宗望从保州（今保定）南下，攻打中山府（今定州）不克，遂转攻真定府（今正定）。真定安抚使李邈是从宋朝廷新调来的文官，缺乏守城作战的经验，结果不到一旬（10天）真定府就被宗望攻克，李邈坚贞不屈，被金兵杀死。

金军在攻克太原、真定以后，宗翰、宗望、希尹等人，曾在平定（今山西阳泉）召开了一个军事会议，商议下一步的军事行动计划。元帅右监军希尹（兀室）提出，在占领太原、真定以后，应乘胜占领河东、河北（时称两河）全境，然后再去攻打东京开封城。宗望对此建议未置可否，宗翰拂然而起，将貂皮帽掷之于地，他对参加此会的诸人说：东京是宋朝的根本所在，我意先取东京开封，只要攻占了东京开封，河东、河北可以不取自下。他满怀信心地将右手一挥地说，此次攻打东京开封，如运臂取物，不会有什么困难。宗望称赞宗翰的意见很好，其他与会的人随言附和。[1]于是确定此次南下，以攻占东京开封为目的，东、西两路金军，约定在开封城下相会，合力夹攻开封城。

会后，宗翰留银术可镇守太原，宗望令韩庆和留守真定，其余的大军分东、西两路南下。西路军的娄室很快就攻陷了汾州（今汾阳）及附近邻县。宗翰亲率大军攻克了威胜军（今山西沁县），又攻克了隆德府（今山西长治市），知府张有极被俘。然后宗翰攻下河东重镇平阳府（今山西临汾市），知

---

① 《三朝北盟会编》卷57，靖康中帙三十二，上海古籍出版社缩印本，第425页上栏。

府林积仁、都统制刘锐弃城而逃。此后又相继攻下了绛州（今山西侯马），经泽州（今山西晋城）、怀州（今河南沁县），到达河阳（今河南孟县）。河阳在黄河北岸，隔河与宋军相对。河南岸为宋朝同知枢密院事李回、宣抚使折彦质之军，他们统率12万大军受命扼守黄河。

金军将领娄室最先到达河阳，他得知黄河南岸宋兵很多，难以强渡，便采用了虚张声势的办法，下令士兵击鼓达旦，连续不断的鼓声吓坏了李回、折彦质，他们误以为是金军乘夜色强渡黄河，还没有见到金兵，便逃回了开封。金兵在没有阻挡的条件下，顺利地渡过了黄河，占领了北宋的西京洛阳城。

宋朝的宰执唐恪、何㮚认为，李回率领12万大军扼守黄河，金军是很难渡过黄河的。却不料李回、折彦质如此胆怯，在未与金兵交锋的情况下，12万大军竟全部溃退，黄河天险并未能阻止金军的前进。宋朝高级官吏的腐败无能，助长了金军的气焰。他们胆小到了风声鹤唳、草木皆兵的程度。宗望率领的东路军，至真定南下以后，宋兵皆望风而逃，几乎没有遇到宋兵的抵抗，很快就到达了大名府（今河北省大名县），从大名府魏县的李固镇顺利渡过黄河。

宋朝廷听到宗翰、宗望两路大军都已渡过黄河，立刻惊恐万状。靖康元年（1126）十一月二十二日，派耿南仲出使于宗翰军前，派聂昌出使于宗望的军前，答应将河东、河北割让给金国，并诏敕河东、河北两路守臣，要求他们尽快完成交割事宜。

不过，金国的目的不只是要求割让河东、河北土地，而是要灭亡宋朝。金军不因宋使臣的到来而止步，宗望之兵迅速到达开封城以北的陈桥。十一月三十日，宗望、宗翰之军同时到达开封城下，宗望的大帐设于开封城东北的刘家寺，宗翰的大帐设于开封城西南的青城。到达开封城下的金兵共有10万余人，在宗望和宗翰大寨的周围建有许多小寨，旌旗飘扬，军寨相连，以壮其军威，影响开封城中宋兵的士气。

三 金军攻克开封城

当宗翰、宗望之大军兵临开封城下之前,许多主和派纷纷上书宋钦宗,诬陷李纲主战是"自以为和议既成,无以为名",罗织了许多罪名,说李纲"无尺寸之功"。宋钦宗迫于种种压力,撤掉他的同知枢密院事职务,改为河北东路宣抚使,以李回金枢密院事。后来又把李纲降为保静军节度副使,建昌军安置,又改为宁江军安置。恰在此时,名将种师道病死。这样,宋朝廷为主和派所控制,对于保卫开封城十分不利。当时主持朝政的唐恪、耿南仲"专务讲和",竟然对主持军务的同知枢密院事聂昌说:"今朝廷讲和,不务用兵,使金人知朝廷集兵阙下,志不在和,岂不激怒(金兵)。"于是,向陕西和南方州县下达文书,要求各地勤王之师"不得妄动"。已经起发的援兵,仍回原处屯驻。这样一来,本来想到开封救援的各地军队,只好原地不动。当时,开封城内的各种军兵约有十万人,与围城的金兵数量相等。如果坚守开封城,再加上外地的援军,完全是可以保住开封城的。然而宋朝廷为主和投降派所主宰,他们仍坚持和谈投降的方针,对于金军此次南下意在灭亡宋朝,连想都未敢想,由于缺乏御敌守城的准备,开封城不堪一击,很快就为金军所攻陷。

靖康元年这一年是闰十一月。金军围困开封城将近一个月,已经做好了攻城的各项准备工作。本月三日,金兵攻打东水门和通津门,死伤甚多。六日,金兵攻打通津门、宣化门。九日,金兵攻打善利门、通津门、宣化门。金兵虽未取胜,然而却吓坏了守城的官吏。东城壁提举官孙觌职在保卫东城的安全,由于东城墙屡遭金兵的攻击,他公然向朝廷提出实难承担此重任,要求另择一"勇悍之将"来取代他。南城墙是金兵攻击的重点，可是南城壁的提举官、中书舍人李擢，却在城楼上面"与僚佐饮酒、烹茶，或弹琴言笑"，严重影响了士兵的战斗情绪，宰相何栗"知而不问，将士莫不扼腕者"。①朝廷命官竟如此轻敌，玩忽职守，怎么能保住开封城？

金兵加紧攻城，开封城十分危急。张师雄向宰相何栗建议，应以重金犒赏有功的将士，何栗虽然采纳了这个建议，张榜公布了赏格（奖赏标准），然而却不能兑现。殿前都指挥使王宗楚曾向士兵许下赏格，能用长枪杀敌者，授官承节郎，赏金碗5只；如果现为官员，可以连升三级。然而事后所许诺言无一兑现，王宗楚再催军兵上城杀敌，军兵"皆发怨言"、"徐徐不动"。

闰十一月二十五日，开封城普降大雪，天气骤然变冷。宗翰下令乘寒雪攻城，因为宋朝士兵怕冷，而女真士兵长期接触冰雪，具有抵御寒冷的身体素质。他高兴地对属下说："雪势如此，如添二十万雄兵！"②交锋以后的第一天，双方死伤很惨重，城下金兵死亡3000多人，城上宋兵死亡300多人，只是金兵的1/10。宗翰下令将战死士兵的尸体都隐藏起来，而宋兵的尸体仍伏在城墙之上未做处理。这种情形使宋朝守城士兵产生了恐惧心理，却使攻城的金兵增强了胜利的信心。说明宗翰很有军事经验，他深知士兵的情绪会影响士兵的战斗力，而宋朝的将领反而不懂得心理战的重要作用。

在金军攻打开封城的关键时刻，宋朝的宰相何栗不是组织兵力进行有效地抗击敌人，却轻信了江湖术士郭京的骗人之术，可以用六甲法来退金兵。郭京领六甲正兵7777人，屯驻于开封城中天靖寺，何栗又将骑兵5000人交给郭京去培训。郭京又招募了许多流氓无赖，"或称六丁力士，或称北斗神兵，或称天官大将"。郭京诡称六甲法能使人隐形，于暗中杀敌。又提出每面城墙上竖三面大旗，在旗上绘天王像，可使金兵丧胆。主宗楚十分相信郭京的六甲法，这种骗人之术岂能阻止金兵的攻城，结果造成陈州门（外城之门）失守，金人蜂拥而入。郭京乘混乱之机，逃出城外。

在金兵攻城之际，开封城内谣言四起，什么范统制向金人献了戴德门，

---

① 《三朝北盟会编》卷67，靖康中帙四十二，上海古籍出版社缩印本，第509页下栏。

② 《三朝北盟会编》卷69，靖康中帙四十四，上海古籍出版社缩印本，第519页下栏。

卢太师献了封丘门，结果造成士兵弃甲倒戈，城内大乱，自相践踏，死伤无数。有的士兵乘机抢劫，横尸满道。太尉姚友仲和一些统制官，也被乱兵所杀。金人攻上城头，放火焚烧楼橹，火光冲天，浓烟弥漫，更加剧了人们的恐慌。溃兵、居民不知所向，有如无头苍蝇，四下横冲直撞，更加剧了混乱。宗翰原计划用五天时间攻下开封城，实际上只用了一天半。

四 宋钦宗至青城写降表

开封城由外城、内城（里城）、皇城组成，外城周长50余里，内城周长20余里，皇城在内城的中间。为了加强防御，每一面城壁均设一提举，由朝廷高官充任。提举之下设都统制，都统制之下有统制，每一统制有使臣三四十员。由于层次繁多，军事指挥反而失灵。京城四壁相距太远，彼此缺乏协调，失去了统一指挥。守城的官吏贪生怕死，无法驾驭士兵。守城的10万士兵如同一盘散沙。

开封城门被攻破的消息一经传出，宰相何栗、枢密守御史孙傅、殿前都指挥使王宗楚等人先后离去，不知去向。负责北城壁防守重任的刘延庆及其子刘光国，家住万胜门附近，当开封城初陷之际，刘延庆父子率先斩关夺门而逃。进入城郊的御园琼林苑中，刘光国还携带有王黼的宠妾张氏。随同刘氏外逃的还有城内民众数万人。刘氏父子甩开民众继续向前逃跑，不巧在普安寺（一说在龟儿寺）却遇到了金人的铁骑，刘延庆及其子刘光国皆为金兵所杀。另有一种记载，称刘延庆坠入金明池中淹死，刘光国被金兵所杀，王黼宠妾张氏自缢而死。守城的官吏大部分逃跑，或隐藏于民间，只有极少数官员以身殉职。团练使何庆彦临危不惧，战死于陈州门城墙之上。内使黄经臣在城陷之际，于通津门投火而死。他们的身份都不算高，然而当时的人感其事迹，都做了详细记载，以志纪念。

据《靖康遗录》记载，开封城失陷以后，宋钦宗曾命宰相何栗出使宗翰帐下，商议后事。何栗竟惶惧失色，辞不敢行。宋钦宗强命其前往，他才勉强答应，不得已而前往。不过他恐惧不安，浑身战栗，连马镫都跨不上去，手握不住马鞭，三次落地被旁人拾起。①到达宗翰设在青城的大帐以后，竟伏地请死，完全失去宰相的风度。宗翰见此情景，告诉何㮚：我要亲自与宋朝皇帝见面，他必须到青城来，商谈和议。或者是派太上皇、皇太子来谈亦可。

何㮚回到开封城中，将宗翰的要求向宋钦宗如实作了回奏。宋钦宗表示，太上皇年纪大，受惊吓已生病，不能到青城去，他自己可以到青城与宗翰等人和谈。闰十一月二十九日，即宋钦宗出城的前一天，打开了内城的正门朱雀门，令人清扫街道。第二天，宋钦宗骑马前往青城，陪同前往的有宰相何㮚、中书侍郎陈过庭、同知枢密院事孙傅等大臣。当时，开封外城正门南薰门已改由金兵看守，宋钦宗出了南薰门，在瓮城中挤满了金国的铁骑，由他们夹道相拥，把宋钦宗护送到了青城。

开封城外有两个地方称作青城，其一在开封城北，其二在开封城西南，宗翰的大帐设在开封西南的青城。这里地势比较高，驻军比较安全。这里还有斋宫，是祭天场所，修建有许多房舍，可以驻兵。宗望第一次南下中原时，驻兵于开封城西牟驼冈。为了防止金军再次驻兵于此，在宗望撤兵以后，都水监将蔡河、汴河之水引到牟驼冈，使这里变成了一片汪洋。因此，金军第二次南下时，宗望改驻开封城东北的刘家寺，宗翰驻帐于开封城西南的青城。

宋钦宗一行到达青城时，宗望尚在刘家寺没有来到青城。因此，宗翰提出宋钦宗先在斋宫住一宿，等到宗望来了以后再和谈。宗翰要求宋钦宗在斋宫赶快撰写降表，由中书舍人孙觌草拟的降表送给宗翰过目，宗翰很不满意，提出许多文字不当。最后由孙觌和何㮚共拟降表，数次修改以后，才为宗翰所认可。

十二月二日，宗望由刘家寺赶到青城，宗翰、宗望正式与宋钦宗相见。这一天早晨，宗翰再次提出，太上皇必须来青城，宋钦宗再三说明太上皇不能来此的原因，宗翰才算作罢。宗翰一再要求宋钦宗、皇太子、太上皇来青城的目的，是把他们全部俘虏到金国去，以此来颠覆赵氏政权，不过当时的人还不明白宗翰的真实意图。

---

① 《三朝北盟会编》卷70，靖康中帙四十五，上海古籍出版社缩印本，第529页上栏。

　　金人不仅要宋钦宗来青城写降表，还要在青城举行一个宋朝的投降仪式。为了举行这个仪式，宗翰派人将斋宫房上似龙形的鸱尾用青毡覆盖，又把墙壁上具有龙形的绘画也遮盖上，因为龙是皇权的象征，金国的目的是推翻宋朝的皇权。北设香案，要宋钦宗站立在案前，令他人代读降表。读毕，向北遥拜四次，即向金国皇帝遥拜，因为金国皇帝住在北方。这一天青城下大雪，而开封城中却没有飘雪花，时人都感到很奇怪。投降仪式结束以后，在斋宫举行了酒宴，以示庆祝。在宴会上宗翰提出两国以黄河为界，宋朝采用金朝正朔，宋朝要派官员抚谕黄河以北各州县，服从金国的统治。

　　当天，宋钦宗及其随行人员回到开封城中。开封城内的黎民百姓夹道欢迎，山呼之声震天动地。宋钦宗见此情景，被感动得热泪横流，呜咽不能言语。据《避戎夜话》，宋钦宗在青城斋宫住了两宿，"金人供送上（宋钦宗）左右寝食皆如法，并吃馄饨扁食，乃金人御膳也"。所谓"馄饨扁食"，即今日北方流行的食品水饺（饺子）。这种食品甚为稀罕，宋钦宗身边的内侍争相抢食，"金人以手加额云：尔罪过，此食未曾皇帝，岂可食也"。[①]后来水饺这类食品广为流传，或与金军南下的影响有关。

---

① 《三朝北盟会编》卷71，靖康中帙四十六，上海古籍出版社缩印本，第537页上栏。

五 金军的掠夺

宗翰、宗望正式接受了宋钦宗的降表，从而证明金国第二次伐宋战争取得了决定性胜利。不过宗翰、宗望并没有就此止步，他们又采取了许多措施来扩大其战果。在此前后，金兵将开封城的各种战具设施全部拆除，要求开封府将所有的军器、甲杖必须如数上缴，将流落到民间的各种武器收索回来。又向开封府下文，要求提供良马1万匹。开封府将各种马匹（包括御马在内）集中起来，也只有7000匹。宗翰的这种做法，是为了削弱开封城的军事防御能力，防止今后开封城有抗拒金兵的能力。

金军又提出，此次大军南下消耗甚大，宋朝必须提供巨额的金（100万锭）、银（500万锭）、丝绢（1000方匹）为犒军之费，作为战争赔款。为了收集金、银，尚书省要求执政、承旨一级的官员，每人要缴纳金20两、银500两、彩缎30匹；侍郎、给事、舍人、谏议、侍御、正使、丞宣、观察使、左金吾上将军以上的官员，每人纳金10两、银400两。皇后、外戚、权贵之家也不例外。如有隐藏不纳者，将追回其父、母之官爵。郑皇后宅以不如数缴纳，即受到追回其父、祖出身的惩罚。金吾上将军高伸，以其兄高杰不肯缴纳而落职。为了满足金军的需要，又采取了卖官鬻爵和出卖僧、道紫衣、大师名号，不过响应者甚少。

金军派人检查朝廷的府库。自宋太祖时起，为了收回燕云十六州的需要，曾设立封椿库，即以每年"用度之余，置封椿库以贮之"，并要求后世子孙"不得别用"。①到宋真宗时，共设72库，用宋真宗的一首诗，作为每库的字

---

① 《三朝北盟会编》卷71，靖康中帙四十六，上海古籍出版社缩印本，第538页下栏。

号。这72库藏，后来都为金军掠劫。

金军在开封城大肆搜集宋朝典藏图书秘籍，特别是苏轼的诗文和司马光的《资治通鉴》。此外又向宋廷索要御前祗侯、医人、鼓坛乐工、伎女、宫女、工匠、画师以及说书、卖唱、弄傀儡、打筋斗、弹琵琶、吹笙等各种艺人。这些图书和各色人等，后来都被掠往金国。

靖康二年（1127）一月十日，宗翰以议事、为金太宗上号之名，将宋钦宗传唤到了青城。临行时，安排皇子监国，以孙傅为留守尚书。宋钦宗令太常少卿汪藻草拟了20字的徽号，带到了青城。实际上宗翰是将宋钦宗骗到了青城，将他软禁在青城斋宫，此后宋钦宗再未回到开封城中。

宗翰、宗望在此期间，派专使回国，向金太宗报告攻占开封城以后的形势，商议如何废除赵氏皇位，另立异姓新君的问题，这个问题取得了金太宗的批准。不过宋朝君臣一直被蒙在鼓里，不知道会有此事。二月初，宗翰、宗望派遣的密使回到了开封城，正式传达了金太宗的旨意：废除赵氏，另立异姓。二月六日，宗翰、宗望在开封城正式宣布了这个决定，至于新君为何、都城建在何地，当时还未最后确定。这一决定结束了赵宋的统治，此后宋徽宗赵佶、宋钦宗赵桓被俘虏到了金国。这一年为靖康二年，被宋朝人认为是国耻之年，故有"靖康之变"和"靖康耻"之说。

【第八章】

徽钦二帝蒙尘

金军二次南下中原的目的有三：一是要占领黄河以北的土地，二是掠夺开封城的财富，三是建立一个新的政权来取代赵氏宋朝。这三个目的都实现了。

一 被掠的皇族

宋朝巨大的财富，是诱引金军南下的重要原因。宋钦宗在青城与宗翰、宗望和谈以后，曾对他们赏赐以许多礼物。不料宗翰却笑着说了一句很有分量的话："城既破，一人一物皆吾有也。"①可知宗翰是何等的贪婪。除了宋朝廷的府库之物皆为金军所有以外，又向开封城内的居民进行掠夺。开封城陷落之初，金人曾向开封府索要在京户口数字，开封府不知其目的是什么，故意夸大在京户口为700万户。后来金军即以此数为准，要求每户纳金30锭、银200锭、表缎500匹，诈为犒赏金军之需，限五日内完成。后来由于张邦昌在宗翰面前百般请求，才有所减免。

金军在开封城掠夺的财物种类繁多，无所不有。根据宋朝人的记载，大体上有以下几大类。其一是皇帝使用的法驾之物，即车辂、卤簿、仪仗、礼器、乐器、浑天仪、铜人、刻漏等。其二是皇帝平时玩用的珍宝，包括珍珠、水晶、簾绣、珠翠、弈棋、博戏之具、药饵等。其三是皇帝、皇后、皇妃使用的各种服饰、发饰、化妆品等。除了可用之物以外，又索掠可用之人，包括宫廷用的画匠、医官、百戏、教坊、泥瓦匠、石匠、玉匠、鞍作匠、马球弟子、金银匠、瓷匠、内臣、街市弟子、画工、歌女、伎女、杂剧、说话、小说、弄

---

① 《三朝北盟会编》卷71，靖康中帙四十六，上海古籍出版社缩印本，第536页下栏。

影戏、弄傀儡、打筋斗、弹筝、吹笙和僧、道士等。①

　　为了彻底灭绝赵氏宗族，防止他们复辟，金军不仅以各种名义软禁了宋徽宗、宋钦宗及其后妃，而且想方设法拘捕皇太子和宗室成员的近支。宋钦宗的皇太子名叫赵谌，靖康元年（1126）10岁被立为太子。靖康二年（1127）二月十一日，宗翰提出要把宋钦宗的皇后和皇太子押赴青城时，当时主持朝政的孙傅已经意识到了金人的真实意图，曾设想把皇太子藏于民间。他企图用5000两黄金，寻找一个可以藏匿皇太子，保护皇太子安全的人。另选一个面貌、年龄与皇太子相近的人冒充皇太子，将假皇太子和两名服侍皇太子的太监杀死，将尸体送给宗翰，谎称在出开封城时被误伤致死。5000两黄金虽然数额很大，但是，人人都畏惧金兵的搜查，谁也不敢冒此风险，无人敢出来藏匿皇太子。②宣赞舍人吴革也提出一个类似的办法，将一个貌似皇太子的人摔死在车下，假冒皇太子，将皇太子由勇士护送出城，随百姓混入民间，也未能成功。③最后皇后和皇太子都被送往青城，被金兵看管起来。

　　即使是宗室成员，宗翰也不肯放过，不能漏掉一人，要全部抓获。金人在主管宗室成员的宗正府黄少卿那里取得了玉牒簿，④在玉牒簿上详细记载了宗室成员的名字和出生年月，即以此为准，按图索骥，要求开封府尹徐秉哲将这些宗室成员全部找到，交到金国军前。二月二十一日，宗翰再次下令给开封府，在二月二十五日以前，必须把玉牒上挂名的皇子皇孙全部捉到，不许遗漏一人。⑤开封府得令不敢怠慢，派人到大街小巷搜索，如捕获盗贼一般，一旦发现即被拘监，连饮食都无人关照。宋徽宗的幼子广平郡王赵楗，在民间躲藏了50多天，最后还是被开封府捉去，送到青城金军大营之中。经过这番搜捕，宋朝宗室成员的近支，几乎全部被金军捉拿到手。即便如此，仍有一些宗室成员

① 《三朝北盟会编》卷77，靖康中帙五十二，上海古籍出版社缩印本，第583页下栏、第584页上、下栏、第585页上栏。卷78，靖康中帙五十三，上海古籍出版社缩印本，第586页下栏、第587页上、下栏。
② 《三朝北盟会编》卷80，靖康中帙五十五，上海古籍出版社缩印本，第601页下栏。
③ 同上书，第602页上栏。
④ 《三朝北盟会编》卷81，靖康中帙五十六，上海古籍出版社缩印本，第607页上栏。
⑤ 《三朝北盟会编》卷83，靖康中帙五十八，上海古籍出版社缩印本，第621页下栏。

（大约700人左右），为义士冒险藏于家中得免，不过他们大多是宗室的疏支成员，没有引起金人的注意，也可能由于疏支之故，在玉牒上没有他们的名字。

三月二十九日至四月一日，徽、钦二帝以及他们的后妃、皇子、公主（又称帝姬）、驸马等数千人，在金国士兵的驱赶下离开开封城北行。根据宋朝人当时的记载，有名可查的宗室成员大致如下。[①]

宋徽宗的儿子有：三子赵楷，封郓王。五子赵枢，封肃王。八子赵械，封益王。十一子赵横，封祁王。十二子赵植，封莘王。十四子赵棣，封徐王。十五子赵㝋，封沂王。十七子赵㤚，封和王。十八子赵榛，封信王。此外还有出生于金国五国城的若斡幼子。随行的宋徽宗的女儿有：赵玉盘、赵金奴、赵金罗、赵福金、赵珊儿、赵富金、赵巧云、赵璎珞、赵圆珠、赵嬛嬛、赵珠珠、赵佛宝、赵串珠、赵金珠、赵金印、赵赛月、赵金姑、赵金铃等。随行的还有驸马曾夤、曹晟、宋邦光、蔡僬（蔡京之子）、向子房、田丕、刘文彦、向子庚等。

属于宋钦宗的子女有：长子赵谌、次子赵谨、三子赵训、长女赵柔嘉、次女赵谋、三女不知名。

属于后妃的有：郑皇后、乔贵妃、崔淑妃、王贵妃、韦贤妃（以上为宋徽宗后妃）；朱皇后、朱慎德妃（此二人为宋钦宗后妃）；邢皇后（宋高宗之皇后）。

属于一般的宗室成员有：赵仲理、赵孝骞、赵孝参、赵有奕、赵有恭、赵保、赵偲等人。

---

① 《靖康皇族陷虏记》，见《三朝北盟会编》卷99，靖康中帙七十四，上海古籍出版社缩印本，第731页下栏、732页上栏。

二 二帝从开封到燕京

在即将宋室帝后宗室人员北迁的前夕，宋徽宗曾与宗翰约见，提出未出嫁的公主（帝姬）不要迁往北国，但是，没有得到准许。郑皇后提出，她可以陪同皇帝北迁，不过她的家属不预朝政，不应当北迁。宗翰觉得她说得有道理，采纳了她的要求，将已押到青城的郑皇后家属全部送回开封。金人对此评论说："太后善言辞，进退有法，容质雅丽"，[①] 获得了宗翰的好感，故而答应了她的要求。

宗翰、宗望在撤离开封、押送徽钦二帝北迁以前，处理了两件大事。其一答应了张邦昌的要求，减少宋朝应当向金国缴纳的岁银、岁绢，免除了燕京代税钱一百万贯；其二是连夜烧毁了金兵屯驻的营寨，火光冲天，吸引了许多开封城的居民观看。金兵锣鼓喧天地离开了开封城，以示胜利凯旋。

被迁往北国的宋朝帝后嫔妃皇子公主大臣数以千计。据《靖康遗录》，为了便于看管，金军将这些人分为五组（即五队）：以宋徽宗为首的包括泗王、景王、肃王为第一组；以宋钦宗、皇太子、燕王、越王为第二组；郑皇后和大长帝姬编为第三组；朱皇后、诸王、诸帝姬编为第四组；诸驸马编为第五组。后来在北迁之时，将这五组又划分为东、西两路。

以宋徽宗为代表的东路，于三月二十九日离开青城。在离开青城之前，宋徽宗率领皇后、诸王，向开封城中的宗庙进行遥拜，一时哭声震天，天色为之

---

① 《靖康遗录》，《三朝北盟会编》卷87，靖康中帙六十二，上海古籍出版社缩印本，第647页
上栏。

暗淡无光。景王赵杞尤为忧伤悲痛，"临行时发鬓皆白"。①东路于三月二十九日离开青城，当日晚到达宗望所驻的刘家寺大帐。宗望举行了宴会，款待宋徽宗一行。为了讨好宗翰，宋太子主动提出，将王婉容帝姬嫁给宗翰次子为妇。

东路被押送的人员，还有郓王赵凯、肃王赵枢、郑皇后、乔贵妃、崔淑妃、王贵妃、韦贤妃（宋高宗赵构之母），驸马都尉曾夤、曹晟、宋邦光、蔡儵。随行的大臣有杨师道、曹勋、王若冲、张玮、白锷、陈过庭、姜尧臣、丁孚等，总数约1400余人。负责押送的是宗望的部下都统额鲁观、左司萧庆、孛堇乌陵思谋。宋徽宗乘坐的是老牛牵引的木车，牵牛的是两名不通汉语的女真士兵。作为皇帝，宋徽宗还是第一次乘坐这种简陋的木车，颠簸摇晃，尘土飞扬，其忧郁的心情可想而知。不过其他的随行人员却是徒步而行，在途中因疲劳、饥饿致死的人很多。即使是宋徽宗，在途中也常常喝不到水，干渴之时只能摘取路边的桑葚之类的野果解渴。

女真贵族喜欢打球，当宗望一行到达真定府时，曾在府园净渊庄举行了一场球赛比赛，请宋徽宗坐在厅堂之上观看。球赛以后饮酒作乐，宗望乘酒兴请宋徽宗作诗以记其事。宋徽宗于是做了一首小诗：

锦袍骏马晓棚分，

一点星驰百骑奔。

夺得头等须正过，

无令绰拔入斜门。

诗中的"绰拔"、"斜门"是球场术语，"斜门"大概就是球门。宗望对此诗十分满意，于是宗望下令自真定府以后，宋朝帝后、诸王、驸马的管理，由女真士兵改为肃王赵枢、驸马都尉曹晟，这样就宽松多了。

东路由宗望管理的宋徽宗一行人，与宗望南下时所走的路线基本相同。从开封启程以后，从滑州渡过黄河（其故道为今卫河），经封丘、黎阳、汤

---

① 曹勋：《北狩闻见录》，见《三朝北盟会编》卷89，靖康中帙六十四，上海古籍出版社缩印本，第660页下栏。

阴、安阳、邯郸、邢州、柏乡、高邑、正定、定州、望都、保定、涿州、良乡、宛平，于五月十九日进入燕山府（今北京），全程约860余里。这条路线是在华北平原上，地势平坦少山，自五代时期便是南北往来的重要交通线。不过牛车走得慢，足足用了19天的时间，平均每天只走了45里。不过与宋钦宗的西路相比，确实快了很多。

以宋钦宗为首的一行人，宗翰特别重视，害怕他们途中逃跑或死亡，因此由宗翰及其部下左司高庆裔、都统耶律余睹押送。他们走的是西路，即宗翰由大同南下时所走的路线。与宋钦宗一起被押送的有：皇太子赵谌、徽宗八女赵璎珞，还有秦桧、司马朴、何栗、张叔夜等大臣。此外还有宫女12人、良家民女144人，总数约160人。

宋钦宗为亡国的皇帝，受到特别的关照。他头戴青毡帽，骑马而行，有侍卫百余人，以严密看护，防止逃跑。还携带有活猪、活羊数十只，以备途中屠宰食用。燕王赵俣、越王赵偲是宋钦宗的叔父，也随同宋钦宗被押送，他们是乘坐牛车。一般的宗室成员、宫女、良家民女则是徒步而行。宋钦宗途经滑州时，曾啮指血书于衣襟，通告中外宗族和忠臣义士，要为他被俘北行雪耻复国，其言情深意切，至为感人，其文见载于《三朝北盟会编》。①徽、钦二帝北迁以后不久，宋钦宗之弟康王赵构在南京归德府即帝位，史称宋高宗。宗望听到这个消息以后，觉得囚禁宋徽宗已经没有太大意义了，向宗翰提出释放宋徽宗，然而宗翰坚决不同意，只好作罢。

宋钦宗等人在离开青城以后，先是沿黄河南岸西行，经过中牟、郑州、巩县至孟津，在此北渡黄河，到达河阳（今河南孟县）。然后转向北行，经怀州、晋州、高平、隆德府（今长治）、潞城、襄垣、威胜军（今沁县）、南关镇、盘陀、太谷、榆次、太原、忻州、代州、太和岭、应州，于六月二日到达大同。西路所经多为太行山区，道路曲折崎岖难行，故而进度迟缓一些。宋钦宗一行人到达大同以后，根据宗翰的安排在这里休息了一段时间。然后于七月五日东行，经过了归化州（今宣化）、可汗州（今怀来）、居庸关，于七月十日到达了燕山府。

① 《三朝北盟会编》卷99，靖康中帙七十四，上海古籍出版社缩印本，第732页上、下栏。

三 徽钦二帝在燕山

宋徽宗一行人到达燕山府以后，由于人数太多、身份不同，被安排居住在许多不同的地方。宋徽宗以及随行的后妃、诸王、帝姬（公主）、驸马等人，居住在延寿寺（又称大延寿寺）。此寺庙始建于东魏，此后不断修建，唐宣宗大中年间（847—858）赐额为延寿寺。辽景宗保宁年间（969—978）重修，建殿九间，"穷极伟丽"。后毁于火，辽兴宗重熙年间（1032—1054）又复建，仍依原式。它位于辽南京城东南部的铜马坊，西与悯忠寺相邻，其旧址在今北京市宣武区西砖胡同中。宋钦宗到达燕山府以后，被安排住在悯忠寺，其随行的后妃、皇子亦住在此地。悯忠寺建于唐代，唐代征伐高丽，将士死亡甚多，故而修建悯忠寺为之荐福。安禄山和史思明均曾在此寺建塔，彼此对立。辽应历五年（955）、大安七年（1091），多次重修大殿和佛塔。悯忠寺至今犹存，清代改名为法源寺，在北京市教子胡同和西砖胡同之间，在庭院中仍保留有唐代的石经幢。中国佛学院设在此寺中，中国佛教协会曾一度驻此。

到达燕山府以后，宗望因打球之故，又宴请宋徽宗、郑皇后等人。当时，宋康王赵构已于南京即帝位，其登位赦文传至燕山府，宗望见到以后，马上"封呈道君"（道君即宋徽宗），并向宗翰建议释放宋徽宗，为宗翰所拒绝。据宋朝人的记载，宗望矮小、信佛，比较温和，与宗翰的刚毅有所不同。在燕山期间，宗望曾到燕山以北的草地上（有人认为此草地应在怀来盆地，即今日北京延庆县的康西草原）打球，因流汗过多用河水冲凉而受风寒死亡。其

"酋首皆鬃面而号泣，其尸载来燕山，八月初归本国"。① 宗望死后，由其弟宗辅（即金世宗之父）继任右副元帅。

宋徽宗与宋钦宗自入青城宗翰大营以后，即长期分离不见面。在燕山府期间，宗翰曾于七月上旬安排他们父子二人于昊天寺见面。昊天寺建于辽道宗清宁五年（1059），秦越大长公主信佛，她把自己的棠阴坊私邸施舍出来，有土地百顷之多，辽道宗皇帝则施舍5万缗，命宣政殿学士王行已领工建造，辽道宗赐额为昊天寺。昊天寺规模宏大壮观，故安排徽、钦二帝在此相见。后妃、诸王、帝姬（公主）、驸马等人均出席了这次会见，从早到午足足有半天的时间，边饮酒，边叙谈，可以说是一次大团圆。

以濮王赵仲理、晋康郡王赵孝骞、燕王赵俣为代表的一些比较疏远的宗室贵族，来到燕山府以后被囚禁在仙露寺。仙露寺是唐高宗乾封元年（666）所建，辽圣宗太平十年（1030）重修，位于辽南京城仙露坊内，故称仙露寺。仙露寺在悯忠寺之北，故址在今北京宣武区广安门内大街以北，下斜街东南。虽然他们居住的地方距昊天寺不远，但是却没有应邀参加徽、钦二帝的聚会，因为他们不属于徽、钦二帝的直系宗亲。

徽、钦二帝在燕山府停留了两个月左右以后，又奉命继续北迁。此次北迁的人，主要是徽、钦二帝的直系亲属和宗室近支。濮王赵仲理为首的部分宗室贵族和一部分民女、工匠，还有朝廷的大臣等，总计约有2000人左右被留在了燕山府。人数减少的主要原因，与生活供应的困难有关。在宋朝境内，金军靠掠夺为生，有些地方官府也向徽、钦二帝提供了饮食服务。即便如此，随行的宫女、民女、各色工匠因饥饿在途中死亡了很多。赵子砥《燕云录》记载说死了八分人（即80%），虽然有些夸大其词，不过途中和到燕山府以后，确实因病因饿死了许多人。由于金军无力养活这些人，从开封俘虏来的一些人，有的被"立价卖之"，妇女有的嫁给了燕山当地人，以寻找生活出路。有一技之长的人则各谋生计，有的开药铺，有的当医生，"乐人作场"，"作匠执艺"，"各自营生，衣食方足"。宋钦宗时的仆射何栗、同知枢密院事孙傅，

---

① 《三朝北盟会编》卷98，靖康中帙七十三，上海古籍出版社缩印本，第726页上栏。

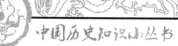

都被金军押至燕山府，最后均死在这里。何㮚死前于金营中题绝句云："念念通前劫，依依返旧魂；人生会有死，遗恨满乾坤。"不妨可以把它看作是何㮚死前的明志诗。后来秦桧从金国归来，极力称赞何㮚之忠贞，被宋高宗遥授观文阁大学士，并寻找其子孙做官。据《林泉野记》，宗翰在青城时曾向何㮚表示，他要纵兵屠杀开封城。何㮚告诉宗翰说："纵兵洗城，元帅一时之威也；爱民施德，元帅万世之恩也。粘罕（宗翰）大悟，乃戢兵北迁。"①如果此事属实的话，则说明他对于制止宗翰血洗开封城，还是有所贡献的。秦桧对何㮚的褒奖，是有一定根据的。孙傅对宗翰提出的废赵氏立异姓坚决反对，不肯写供状立异姓，气得宗翰多次提出要杀死他，后来被押往燕山府，死时只有51岁，也是一位赵氏忠臣。

---

① 《三朝北盟会编》卷87，靖康中帙六十二，上海古籍出版社缩印本，第650页上栏。

四 二帝在辽中京和通塞州

建炎元年（靖康二年改元建炎，1127）九月，徽、钦二帝一行人，离开燕山府前往辽中京（即今内蒙古宁城县大明城）。临行之前，金人送给二帝绢万匹，作为途中的路费。由于携带不便，宋徽宗将其中的150匹赐给了仍然留驻在仙露寺中的宗室赵仲理等人，以制作冬衣。九月十三日，奉命北迁的宋朝帝后和随行人员，先到昊天寺集中到一处，然后出燕山府的东城门而行。住在燕山府的居民，听说此事纷纷出来送行，数日之后燕山府"为之不市"。

从燕山府到辽中京相距950里，他们途经了蓟州（今天津蓟县）、石门（今遵化石门镇）、景州（今遵化县城）、卢龙岭（即卢龙塞，在河北迁西县）、泽州（今河北平泉县）、榆州（今辽宁凌源县）、大凌河（今仍其名），于十月十五日到达了辽中京，一共行走了32天，平均每天行走25里。此路多山，故而走的速度很慢。

宋徽宗、宋钦宗被安排住进了相府院，所谓相府院应是韩德让（耶律隆运）的旧府邸。韩德让是承天皇太后萧绰（辽圣宗之母）的情人，故而甚得承天皇太后的器重，官拜大丞相兼枢密使，故其府邸被称作相府或相府院。徽、钦二帝到达辽中京之时，已进入初冬，北方的冬季非常寒冷，冰雪连天，大队人马是不便于行走的。他们在辽中京停留了五个多月，一直到了第二年（建炎二年，1128）春天，才又奉命继续北迁。三月二十六日，徽、钦二帝从辽中京出发，经文定县（今辽宁建平县西北）、富庶县（今建平县东合营子古城）、建州（今辽宁朝阳市西南喀喇城）、兴中府（今朝阳市）、锦州、兔儿渴（在

今辽宁黑山县）、渔梁务（在黑山县）、沈州（今沈阳）、咸州（今辽宁开原老城），到达了通塞州。通塞州即辽代的通州通远县，又称杨柏店、杨八塞，其故址为今吉林省四平市西郊的一座古城。通州、通塞州是以这里南北交通方便而得名。通塞州属于松辽平原，土地肥沃，适于耕种。因此，金国拨给徽、钦二帝土地150顷，"令种莳以自养"。即让他们耕种自给，以减轻金国的负担。这是辽、金时期处治亡国之君常用的办法，辽国在灭亡了后晋以后，曾把晋出帝及其家人迁移到建州居住，给他50余顷地，晋帝"遣从者耕地以给食"。

从辽中京至通塞州的途中，经过了沙漠之地，人烟稀少，满目荒凉，宋徽宗想起开封城的繁华，与此成为巨大的反差，他触景生情，作了一首即兴词《眼儿媚》：

玉京曾忆旧繁华，万里帝王家。琼楼玉殿，朝喧弦管，暮列笙笆。花城人去今萧瑟，春梦绕胡沙。家山何在？忍听羌管，吹彻梅花。

宋钦宗读了以后，悲伤之情油然而生，随即和了一首：

宸传三百旧京华，仁孝自名家。一旦奸邪，倾天折地，忍听琵琶。如今在外多萧瑟，迤逦近胡沙。家邦万里，伶仃父子，向晓雪花。

宋钦宗的《眼儿媚》有些直白，远不如宋徽宗所作的那样含蓄、意境深远。不过这对伶仃父子的哀怨是相同的，他们悲伤到了难以忍受的程度，愈加思念昔日的帝王生活。既知今日，何必当初？他们的昏庸腐败，最终沦为阶下囚，历史的教训是何等深刻！

五 二帝在金上京、韩州

徽、钦二帝在通塞州居住了数月之久，还没有来得及垦荒耕种，又奉金太宗之命继续北迁，即前往金上京（今黑龙江阿城市白城）。金朝本来要把徽、钦二帝安排在通塞州耕种自给，为什么突然改变了计划呢？其原因有二，一是通塞州位于当时南北往来的交通要道上，宋、金往来的使者常常会经过这里，如果看管不严的话，可能会出现有人逃跑；二是金朝皇帝要举行献俘仪式等活动，以庆祝灭亡北宋的巨大胜利。因此，建炎二年，即金太宗天会六年（1128）七月二十三日，徽、钦二帝离开了通塞州，被迁往阿什河畔的上京会宁府。当时前往上京的宋朝使者许亢宗，对此路的行程有详细的记载，由通塞州向北行，途中要经过信州（今吉林怀德县秦家屯古城）、隆州（即辽代的黄龙府，今农安古城）、祥州（今农安县万金塔古城）、乌惹（今农安县红石磊古城），然后过涞流水（今拉林河），再经句古孛堇寨（今黑龙江双城市石家崴子古城）、阿萨尔铺（今双城市金钱屯古城）、会宁头铺（今阿城市树乡小城子）。徽、钦二帝一行于八月二十一日到达金上京会宁府，他们被囚禁在上京城郊的小城子古城。

徽、钦二帝一行人到达金上京以后，穿着素服（白色的服装）去拜见太祖庙。当时的太祖庙是建在城西的太祖陵上面，太祖陵地宫以上有高大的夯土坟丘，其上有宽阔的平台，金初的太祖庙即设在平台之上，称作宁神殿。至今在平台上面还可以看见残砖断瓦，即太祖庙的遗迹。太祖陵的周围有陵垣，设有垣门。徽、钦二帝"肉袒于庙门外"，即脱去上衣，半裸体向太祖庙跪拜。

在此以后，又在上京城内的乾元殿前，举行了献俘仪式，行牵羊礼，即

令徽、钦二帝手牵小羊拜见金太宗，以示如同温顺的小羊，接受金朝皇帝的处治。仪式结束以后，金太宗宣布封宋徽宗为昏德公，封宋钦宗为重昏侯，以昭示他们父子都属于无道昏君。仪式结束以后，金太宗又"告于太祖庙"，即以祝文的形式宣告俘虏徽、钦二帝的重大胜利。

徽、钦二帝在金上京前后停留了近两个月，他们受尽了人间的耻辱。由至尊的皇帝，降为受人摆布的阶下囚，虽有公、侯之封，却无法改变其悲惨的命运。同年十月二十日，金国又将徽、钦二帝迁往韩州。辽、金时期的韩州曾四治三迁，辽代韩州初设于内蒙古科尔沁左旗后旗城四家子古城，后因受风沙之害的袭击，被迁到白塔寨（今辽宁昌图县三江口乡小塔子村），后来因水患严重迁到昌图县八面城，再后来又迁到九百奚营（今吉林梨树县偏脸古城）。金初的韩州是在昌图县八面城，徽、钦二帝迁至韩州，也是让他们耕种自给。韩州远离南北交通线，比较偏僻，对徽、钦二帝易于看管。不久，金国命令滞留在燕山府的晋康郡王赵孝骞及其随行人员（约900人），也迁移到韩州，与徽、钦二帝合在一起，这时在韩州耕种的宋朝皇帝及随行人员，约有2000人左右。

六 二帝在五国城

徽、钦二帝在韩州居住了约一年半左右，金太宗认为韩州之地仍不够安全，为了防止发生意外，又把他们迁移到更为偏远的地方，这新的地方便是松花江中游的胡里改路，亦称五国城，即今日的黑龙江依兰县城。

此次迁移，先是走了一段旱路，即从韩州到乌惹寨。乌惹寨即《许亢宗奉使行程录》中的乌舍寨，"寨枕混同江湄"，混同江即今第二松花江，乌惹寨在今吉林农安县境内。他们从这里舍路登舟，乘船经过了扶余（清代称伯都纳）。《啸亭杂录》称，旧传清代在伯都纳绰克托修筑城池时，发现了宋徽宗手绘的鹰轴，用紫檀木匣盛装，完好如新。又获得古瓷数千，碑碣中录有宋徽宗晚年的日记。如果此说属实，似宋徽宗在伯都纳（扶余）有短暂的停留。不过宋代的轴画能够保留到清代，在泥土中经六七百年不腐朽，画面真切可见，却令人难以相信。或是好事者附会徽、钦二帝途经伯都纳之事而编造的故事，以耸人听闻。

徽、钦二帝乘坐的舟船经嫩江江口入松花江，经今肇源、肇州、肇东、哈尔滨、呼兰、巴彦、宾县、木兰、通河、方正诸市县，才能够到达依兰五国城。在舟船进入松花江东行以后，金太宗又派都统习古乃将徽、钦二帝的舟船拦截，提出要减少徽、钦二帝的随行人员，经过宋徽宗的再三恳求，才允许晋康郡王赵孝骞、义和郡王赵有奕等少数人留下来，最后只剩下徽、钦二帝直系的皇子、后妃、帝姬、驸马及少数陪同人员一起到达了五国城。徽、钦二帝七月十五日离开韩州，九月二日到达五国城，途中走行了一个半月左右。

五国城又称五国头城，是辽代五国部中某一部之所在。地处牡丹江与松花江的汇合处，水路交通方便。金朝建立以后，在这里设立了胡里改路。今为依兰县县城所在。这里四周环山，金代时陆路交通十分不便。将徽、钦二帝置于此处，他们是很难逃跑的。金太宗最后决定将徽、钦二帝迁置于五国城，即与此有关。通塞州和韩州属于平原地区，适于耕种自给，五国城属于山区，山多地少，垦种相当困难，难以容纳很多的人口。金太宗要求徽、钦二帝尽量减少随行人员，可能与此有关。实际上到达五国城的，只有140余人。其余的人，有一部分留在上京会宁府，大部分被安置在咸州（今辽宁开原县）和临潢（今内蒙古巴林左旗）等地。五国城地处北纬46°，地势比较高，因而气候比较寒冷，在冬季是滴水成冰，松花江和牡丹江上多风，更是寒风凛冽，加剧了寒冷。为了避寒，冬天人们多穿皮衣，居住在半地穴式的房屋中，内设火炕以取暖。这种半地穴式房屋出现很早，至今在当地偏僻的山区仍然可以见到，俗称"地窨子"。在宋朝的南方人看来，这种半地穴式房屋有如土井一般，故而称徽、钦二帝在五国城"坐井观天"。钱彩编著的《说岳全传》，也采用了"坐井观天"的说法。

徽、钦二帝到达五国城以后，再没有离开这里。天会九年（1131）六月，金太宗曾派人"赐昏德公、重昏侯时服各两袭"，以示关怀。最后，徽、钦二帝均病死于此，宋徽宗死于金太宗天会十三年（宋高宗绍兴五年，1135）四月，享年54岁。《宋史》称绍兴三十一年五月，宋钦宗"崩问至"，则当死于绍兴三十一年（1161）五月以前，享年61岁。宋徽宗的郑皇后，也死于五国城。只有宋徽宗的韦贤妃（即宋高宗赵构的生母），于金熙宗皇统二年（绍兴十二年，1142）回到了临安（今杭州），并将宋徽宗、郑皇后的梓宫（木棺）带回临安。

清朝人曹廷杰著《二圣墓说》，①称宁古塔西南沙兰站有大冢，俗呼二圣墓，即当为徽、钦二帝安葬之处。当地群众称张广才岭（塞齐窝稽岭）有古道，是宋朝人为奔丧所修。被带回之徽、钦二帝的梓宫，只是空棺而已，其尸体仍在沙兰古冢中。如果确实如此，在宋代文献中何以不见记载？曹廷杰对此"征信不疑"，实际上是误听了民间传说，并无事实根据，是不可以为信的。沙兰在渤海上京龙泉府之侧，如果确有大冢，应与渤海国有关，不会是"二圣墓"。不过，"二圣墓"之说，反映出徽、钦二帝在当地老百姓中甚有影响，倒是耐人思考的问题。

① 曹廷杰：《东三省舆地图说》，见《辽海丛书》，辽海书社缩印本，第2246—2247页。

七 帝姬的命运

随同徽、钦二帝北迁的女眷比较多，达数百人以上。其中包括有后妃、帝姬（即公主）和宫女。这些人中地位比较低微的妃子、宫女在途中死亡了很多，只有地位比较高的后妃、帝姬到了金国的内地。不过她们的命运相当悲惨，有的被强迫嫁给了金国的上层贵族，有的则沦为家奴。

宋徽宗的长女嘉德帝姬，本来是嫁给了曾夤。到了金国以后，先入蒲鲁虎寨当家奴，蒲鲁虎即金太宗长子宗盘。在蒲鲁虎被金熙宗处死以后，嘉德帝姬没入宫中为奴。

宋徽宗的次女荣德帝姬，最初嫁给曹晟为妻。迁到金国以后，天眷二年（1139）没入宫中，皇统二年（1142）成为金熙宗的夫人，算是地位比较高的受宠女子。

宋徽宗的六女洵德帝姬，先嫁给驸马都尉田丕为妻，迁到金国以后被金太宗所看中，天会五年（1127）成为金太宗的妃子，地位最高。

宋徽宗的第十六女宁福帝姬，被俘虏以前尚未出嫁。到金国以后，先没入宫中，皇统元年（1141）被金熙宗封为夫人。

宋徽宗的第十九女华福帝姬，被俘虏以前未曾嫁人。到金国以后，皇统二年（1142）成为金熙宗的妃子。

宋徽宗的第二十女庆福帝姬，被俘虏以前未出嫁。到金国以后，皇统元年（1141）成为金熙宗的妃子。

宋徽宗的其他女儿，有的没入浣衣院（为皇帝洗衣备衣）为奴，有的没入贵族之家为奴，如宋徽宗的九女仪福帝姬（未嫁），到金国以后成为兀术

（宗弼）的家奴。有的家奴可以升级为妻妾，宁福帝姬、华福帝姬、庆福帝姬都是从家奴升为皇帝的妃子或夫人。①

金国的皇帝、贵族娶宋朝的帝姬为妃、为妾，一是爱慕她们的体貌，二是她们能歌善舞，有良好的文化修养。至于她们所生的子女，地位低下，是不能取得爵位的，在史书中是不见记录的。不过他们的后人很多，在清代曾盛传清朝皇帝爱新觉罗氏是宋徽宗的后人。昭梿《啸亭杂录》称董鄂氏之先，是宋英宗的后裔；姚元之《竹叶亭杂记》称觉罗氏为宋朝人之后，又称黑津（赫哲族）即徽、钦二字的讹音。女真文字的研究结果表明，清代的爱新觉罗氏，即金代的交鲁氏。②

金代的完颜氏皇族既然娶宋徽宗的帝姬为妻妾，其子女混有赵氏的血统，是肯定无疑的。清代的满族人是金代的女真人后裔，也是没有什么问题的。就此而言，满族人贵族中多少有些赵氏的血缘，是合乎道理的。不过说皇族爱新觉罗氏是宋代赵氏的后人，却缺乏足够的直接证据，只是推测而已，不可轻信。

① 刘文生：《五国城》第4卷附录，蓝天出版社2002年版。

② 金启孮：《爱新觉罗姓氏之谜》，见《爱新觉罗氏三代满学论集》，远方出版社1996年版，第206—211页。

第九章

刘豫与张邦昌

在中国历史上出现过许多傀儡政权。五代时期石敬瑭的后晋，宋金时期的张邦昌伪楚、刘豫伪齐，民国时期的伪满洲国、汪精卫政权，都属于傀儡政权。傀儡本是指木偶戏中的木偶人而言，演戏者用线绳来操纵其活动。后来人们借用这种说法，将受别人操纵的伪政权称为傀儡或傀儡政权。

一 刘韐是金军欲立的第一个傀儡

金国二次南下中原，虽然灭亡了北宋政权，然而各地反抗金兵的起义斗争风起云涌。河北路有以马扩为首的五马山义兵和以王彦为首的八字军，在河东路（今山西）有声势浩大的红巾军，在山东路有以梁山泊为根据地的起义军，在燕山路有僧人智和禅师组织的抗金队伍。这些起义军神出鬼没，使金军腹背受敌，损失惨重。另一方面，中原地区炎热的气候，很不适于北方女真人生活，他们怕热不怕冷，因此其南下多选择在秋冬季节，宋人称之为"秋防"，即此种缘故。基于上述原因，金国难以直接统治中原地区，他们模仿辽朝扶植石敬瑭后晋的先例，准备培养一个傀儡政权，来代理金国统治中原地区。

金国最初要选择的人并不是张邦昌，而是一个名叫刘韐的人。刘韐是建州崇安（今福建崇安县）人，进士出身，曾长期在西北与西夏作战。金军二次南下时，刘韐知真定府，其防御有方，金军攻而不克，只好绕过真定府南下。[1]于是，金军得知刘韐是宋朝颇有才干的官员，给金军留下了深刻的印象。金军攻陷开封城以后，宗翰、宗望等人企图利诱刘韐到金国做官，为刘韐所拒绝。金国在决定

① 《宋史》卷446，《忠义一》，中华书局校点本，第13162—16164页。

废除赵氏、另选异姓人统治中原地区时，第一个考虑的对象就是刘豫。宗翰派仆射韩政来见刘豫，说明要立他为异姓之君，取代赵氏政权。刘豫自知此事不可行，便写了一封信札交给他的部下陈瓘带走。在信札中说，金国不以我因抗金而有罪，却把我看成是有用之人。"夫贞女不侍两夫，忠臣不事两君。况主忧臣辱，主辱臣死……大丈夫富贵不能淫，威武不能屈，予今日所以有死而已。"①靖康二年（1127）正月十六日，刘豫沐浴更衣自缢，时年六十岁。

宗翰听到这个消息以后大怒，下令将刘豫的尸体扔在大道上。数日以后，陈瓘将刘豫的尸体掩埋在菜地之中。刘豫忠贞不屈的事迹，在当时影响很大，《靖康小录》、《中兴姓氏录》对此均有记载，宇文虚中在撰述的《刘公神道碑》中，也详记其殉节的始末。②宋高宗即位以后，追赠刘豫为资政殿大学士，谥为忠显。故而在官修《宋史》中，将刘豫列入《忠义传》。

---

① 《三朝北盟会编》卷75，靖康中帙五十，上海古籍出版社缩印本，第564页下栏。

② 均见《三朝北盟会编》卷75所引。

二 张邦昌被拥立并非己愿

在刘鞈拒绝当傀儡，殉节自尽以后，金国只好另外寻找可以代替赵氏政权的人，这个人便是张邦昌。

张邦昌，字子能，永静军东光县（今河北东光县）人，进士及第。在宋徽宗宣和元年（1119），曾任尚书右丞、左丞、中书侍郎，宋钦宗即位以后，升为少宰、太宰，[①] 即右仆射、左仆射，又称宰相。靖康元年（1126）正月十四日，张邦昌以少宰（右仆射）的身份，陪同康王赵构作为人质到大金军前。10天以后，即正月二十四日，宋钦宗决定改由肃王赵枢（宋徽宗第五子）为人质，将康王赵构替换回来，仍由张邦昌陪同，这时张邦昌已升为太宰（左仆射）。钱彩《说岳全传》第十八回称，宋朝先派赵王赵完为人质，后改由康王赵构为人质，陪同的官员除了张邦昌以外还有秦桧，是与历史事实不符的。赵完属于虚构的人物，秦桧也没有作为人质陪同康王赵构。

金国决定罢黜赵氏，另立异姓皇帝，将张邦昌指定为新君，这是历来就被视为张邦昌卖国投敌的罪状，在《宋史》中将张邦昌列入《叛臣传》。根据宋朝人当时的记载，张邦昌是被逼无奈，为了保存开封城百余万人的生命而就范的。

当金军第一次南下中原之时，张邦昌附和太宰（左仆射）白时中之言，意欲宋钦宗"幸襄阳"，以避金军兵锋，与李纲的坚决抗战针锋相对。不过他很快就陪同康王、肃王为质于金国军前，离开了开封。临行前，张邦昌曾要宋

---

① 《宋史》卷475，《叛臣上》，中华书局校点本，第13790页。

钦宗签署"无变割地议",说明张邦昌是主和派,这是毫无疑问的。不过当时的许多朝廷重臣说金兵的二次南下,是张邦昌"私敌"的结果,却是缺乏证据的。不过,张邦昌却因政敌的攻击而被罢官。

当徽、钦二帝被拘青城,开封城中的宋朝廷旧官僚王时雍、范琼、徐秉哲、吕好问、吴并、莫俦等人举荐张邦昌为异姓新君时,张邦昌尚在金军中,并不知有此事,他一直被蒙在鼓里。虽然宗翰、宗望等人认为张邦昌是比较理想的异姓君主,然而事先并没有征求他本人的意见,他们可能担心张邦昌会拒绝、反对,因为从刘豫的自杀行为吸取了一定的教训。

金朝废赵氏另立异姓新君的文告,被收入《三朝北盟会编》卷78,至今仍可以看见。在此文告中,申诉了赵氏皇帝种种违背两国誓约的行为以后,提出:"宋土旧封,颇亦广袤。既为我有,理宜混一。然念师行止为吊伐,本非贪土,宜别择贤人,立为藩屏,以王兹土……遵依圣旨,共议荐举堪为人主者一人,不限名位尊卑,所贵道德隆茂,勋业耆旧,素为众所推服,长于治民者……赵氏宗人,不预此议。"[1] 在这个文告中,没有提出任何可以遴选的人名;只是提出了新君应具备的条件,明确提出赵氏宗族在外。二月十日,宗翰元帅府致宋朝旧官的信札,仍强调"唯贵道德,不在名位高低……须得共荐一人,限今月十一日"。仍未提出具体的人名,只是希望宋朝旧官要尽快提出异姓新君的具体人选。

然而孙傅先后五次上书宗翰,要求推立赵氏,一些军民、僧道、耆老等也坚持拥立赵氏后人。宗翰大怒,提出二月十一日以前如果推荐不出异姓新君,便举兵入城屠杀。在金军的威胁之下,二月十一日宋朝旧官被迫商讨推荐异姓新君之事。《伪楚录》记载说,与会的百官"相视久之,计无所出。众曰:今日勉强应命,不然一城生灵屠戮,于赵氏何益。既无善策,不若举在军前者一人。张邦昌旧任宰相,姑举之,以塞命"。[2] 如此记载属实,则推荐张邦昌为异姓新君,实际上是宋朝百官迫于无奈,为了防止金军屠城,以张邦昌"塞命",即制止金军的杀戮。

---

① 《三朝北盟会编》卷78,靖康中帙五十三,上海古籍出版社缩印本,第591页上栏。
② 《三朝北盟会编》卷79,靖康中帙五十四,上海古籍出版社缩印本,第599页下栏。

三 张邦昌欲死不成

据宋朝人贾少曾《朝野佥言》所记，金军攻占开封城之时，张邦昌陪同肃王赵枢为质在燕山府，开封城中发生的一切变故，包括徽、钦二帝被囚禁在青城，金国废黜赵氏，开封城中的文武百官推荐他为异姓新君，张邦昌一无所知。靖康二年（1127）正月间，金军命令张邦昌、肃王赵枢、驸马都尉曹晟离开燕山府回开封城。"至京城下，方百官推戴，时邦昌皆不知也。"宗翰、宗望令金军使者王汭，将宋朝百官推戴他的状文送给了张邦昌观看。"邦昌读前、后文大惊曰：赵氏无罪，遽蒙废灭，邦昌所不敢闻。必欲立邦昌，请继以死。"① 王汭要张邦昌亲自去面见宗翰、宗望时，张邦昌提出："原与肃王、曹驸马奉使，每元帅召即三人俱行，不可独往。"王汭见状，只好强制性地将张邦昌揪到青城去见宗翰、宗望。当宗翰、宗望说明百官推戴之意以后，张邦昌坚定地表示不可。于是宗翰、宗望后来采取了一个骗局，向张邦昌说，大金皇帝有诏，要立宋钦宗的太子为皇帝，请你出来担任宰相，"善为辅佐，毋使败盟"。② 在这种情况下，张邦昌才表示可以进入开封城，面见皇太子。

张邦昌进开封城以后进入尚书省，在这里文武百官皆拜堂阶之下，向他哭诉说，金人有旨，如果三日之内"不伏推戴"，就要先杀死大臣，后杀军民百官。要求张邦昌"即权宜之计，救取一城老小"。王时雍、徐秉哲、吕好问又补充说："大金欲册立太宰（即张邦昌），三日不立，将夷宗庙，杀生

① 《三朝北盟会编》卷83，靖康中帙五十八，上海古籍出版社缩印本，第625页下栏。
② 同上。

灵。"张邦昌听了此话，对王时雍等人说："诸公怕死，乃掇送与邦昌……身为大臣，岂可篡逆，即有死而已。"①说罢张邦昌即引刀要自杀，后被王时雍等人将刀夺下，强迫张邦昌必须接受举荐。

宋朝人撰写的《靖康小雅》记载说："邦昌初尚顾义，且坚避久之，百官有进言于邦昌，相公宜从权，他日相公为伊尹、为王莽，皆在公，邦昌乃勉从之。"②张邦昌自知此事会带来严重的后果，他当时说了一句话来表达他的心情："邦昌以九族，保此一城人！"此话很有远见，宋高宗即位以后，张邦昌果然被处死。他思前想后，还是以死明志为好，此后他多次"欲以刀、绳自裁"，但是被近侍发现未能得逞。

靖康二年（1127）三月七日，张邦昌正式被金国册立为大楚皇帝。《靖康要盟录》全文记录了册文，册文中最重要的一段话是："今者民既乏主，国宜混同。然念厥初诚非贪土，遂命帅府与众推贤，佥曰太宰张邦昌……命尔为皇帝，以授斯民，国号大楚，都于金陵。自黄河以外，除西夏封进疆场，仍旧世辅王室，永作藩臣贡礼。"③按此册文，大楚设都于金陵（今南京），其疆域以黄河为界，不包括西夏。所谓"黄河以外"，即黄河以南，古代以黄河以北为河内，以黄河以南为河外。张守节《史记正义》称："古帝王之都多在河东、河北，故呼河北为河内，河南为河外。"大楚属于金国的藩属，是金国的藩屏，以定期的贡礼（实际是贡物），来履行其以金国为宗主的关系。用今日的话来说，张邦昌的大楚实际上是金国的傀儡政权。张邦昌的大楚，是继石敬瑭的后晋以后，在中国历史上出现的第二个傀儡政权。

张邦昌被金国册立为大楚皇帝，实出于无奈，并非是他自己愿意当傀儡皇帝，而是吴并（翰林院承旨）、莫俦（翰林院学士）等人秉承金人的意志逼迫而成。《朝野佥言》记载说："初，邦昌册立，百官对金人惨洳，邦昌变

---

① 《三朝北盟会编》卷83，靖康中帙五十八，上海古籍出版社缩印本，第625页下栏。
② 同上书，第626页下栏。
③ 《三朝北盟会编》卷84，靖康中帙五十九，上海古籍出版社缩印本，第630页上、下栏。

色，惟吴并、莫俦有喜色，若有所得。"①从"邦昌变色"，可以看出张邦昌的内心充满了忧虑和恐惧。张邦昌是一个很有政治经验的人，他很明白在其前面布满了荆棘和危险。其卫士有言说："平日见伶官作杂剧，每装假官人。今日张太宰却装假官家。"一语道破了傀儡的本相。

---

① 《三朝北盟会编》卷84，靖康中帙五十九，上海古籍出版社缩印本，第631页上栏。

四 张邦昌不用皇帝礼仪

张邦昌虽然被金国册立为大楚皇帝，不过张邦昌自己很明白，这只是为了保护开封城内文武百官、军民僧道性命的权宜之计，他不想当皇帝代替赵氏政权。当时宋朝人的一些记载，很清楚地说明了这一点。

《靖康后录》记载说，当张邦昌进开封城入尚书省以后，王时雍等人陪伴张邦昌朝夕不离。"应对之际，便以陛下称之。邦昌曰：且休，恐人闻之，皆笑我尔。"① 不难看出，张邦昌一开始便忌讳皇帝、陛下这类称呼。

赵甡之《中兴遗史》记载尤详。当张邦昌被金人册立之际，"文武合班，张（邦昌）乃起立，阁门传旨（即张邦昌语）云：勿拜。时（王）时雍等复奏，传指挥云：本为生灵，非敢窃位。如不听从，即当规避。时雍率百官遽拜，张（邦昌）急回身，面东拱手以立"。② 皇帝通常是坐北面南，故有南面天子之称。张邦昌"面东拱手以立"，即表明他不是以皇帝自居，仍是一名大臣而已。

据宋朝当时人的记载，在张邦昌被金人册立以后，他"不御正殿，不受常朝，不山呼，不称圣旨，不称御。禁中诸门用锁，题曰邦昌谨封。凡晓示文字，不称诏命。番使入朝，则正坐，常朝则偏坐。百官入朝，以平交礼相见，称名称诸公"。③ 从这一段记载可以看出，张邦昌的言行举止仍如大臣，并无帝王之尊。御正殿（坐北向南）、常朝（天子接见百官）、山呼（百官上朝呼万

---

① 《三朝北盟会编》卷84，靖康中帙五十九，上海古籍出版社缩印本，第631页下栏至632页上栏。
② 同上书，第630页上栏。
③ 《三朝北盟会编》卷93，靖康中帙六十八，上海古籍出版社缩印本，第685页上栏。

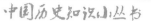

岁）、御（皇帝自称御）都是皇帝专用的礼节，张邦昌一律不用。所谓"禁中诸门用锁"，就是封禁皇宫，不敢使用。只有番使（即金国使节）来临之际，张邦昌才不得不正坐，给金人摆出一副皇帝的样子，以免金人产生疑虑。张邦昌的行为是向人表明，他仍然是宋朝的大臣，并非是代替赵氏的皇帝。

三月二十八日，即徽、钦二帝北迁的前一天，张邦昌特意到南薰门（开封外城的正南门），"设香案，率百官士庶望军前，遥辞二圣，邦昌恸哭"。①这一举动表明，张邦昌对徽、钦二帝而言仍是一名守节的大臣，没有丧失大臣的身份。

在金军撤兵北归以前，张邦昌还做了几件利国利民的大好事。三月十五日，张邦昌前往青城拜见宗翰、宗望，他提出了七项要求，其中包括"不毁赵氏宗庙、陵寝"，②减少开封城向金军犒赏的金、银、娟帛数量，保留开封城的楼橹，待江宁府修缮完毕再迁都金陵等许多项内容。这些要求均得到了宗翰、宗望的准许，保护赵氏宗庙、陵寝，是张邦昌忠于宋朝的具体表现。保留开封城的楼橹，避免了开封城的破坏。特别是金人答应免除开封城的金银、绢帛一事尤为重要，极大地减轻了开封城百余万居民的沉重负担。

张邦昌又向宗翰、宗望提出，应当释放被囚禁在青城的宋朝官员，也得到了准许。这些官员有：尚书左丞冯澥，金枢密院事曹辅，太常少卿汪藻，礼部侍郎谭士勣，中书舍人孙觌等数十人。张邦昌又进一步提出，金军应当释放同知枢密院事孙傅、金枢密院事张叔夜、御史中丞秦桧，却为宗翰、宗望断然拒绝，其原因是孙傅、张叔夜曾组织开封军民抗拒金军攻城，秦桧曾上书宗翰反对册立张邦昌。他们勃然大怒，痛斥张邦昌："今若纵兵（屠城），非无名然，亦驻兵不还，当观衅而动。"见此，张邦昌吓得不敢再说话了。

张邦昌勉为其难地接受拥戴、册立，原意是为了保护开封城百余万居民不被屠杀的权宜之计，并不是要取代赵氏宋朝。为了使宋朝复辟，张邦昌采取了许多措施。当金军刚刚撤退北归之际，张邦昌即派人寻访康王赵构之下落，因为赵氏皇族全部被俘虏，只有康王赵构在外得免。寻找康王赵构的目的，就

① 《三朝北盟会编》卷87，靖康中帙六十二，上海古籍出版社缩印本，第646页下栏。
② 《三朝北盟会编》卷85，靖康中帙六十，上海古籍出版社缩印本，第637页下栏。

是复辟宋朝统治。当时，留在开封城中幸免被俘的皇族，只有元祐皇后。在寻找康王赵构的同时，张邦昌请出元祐皇后复位，准备还政于赵氏。

元祐皇后孟氏，是宋哲宗赵煦的皇后，赵煦本名赵傭，是宋徽宗赵佶之兄。当宋哲宗病死以后由其弟赵佶即位，元祐皇后先居瑶华宫，瑶华宫被火焚以后移居延宁宫，后来延宁宫又被火焚，元祐皇后无处可居，只好移居相国寺前观音院西的私邸，由于这里属于外城，故而躲过了金人的搜捕，幸免于难。

张邦昌得知元祐皇后尚在开封城中，赶紧找到她的下落。四月四日，即金军撤退后的第三天，张邦昌在文德殿向文武百官宣读了《上宋太后书》，宣布给元祐皇后上尊号为宋太后，其后又改称元祐太后，将元祐太后接进宫中，住在延福宫。元祐太后接受了册封，成为赵氏宋朝的合法代表。四月九日，张邦昌又以手书请元祐太后垂帘听政，张邦昌以太宰执政，这就表明张邦昌已经还政于赵氏。四月十一日，元祐太后正式垂帘听政。同一天，元祐太后下书诏告天下。诏书称："既二帝之蒙尘诬及宗坊，谓三灵之改卜。众恐中原之无统，姑令旧弼以临朝。虽义形于色，而以死为辞。然事迫于危，而非权莫济。内以拯黔首将亡之命，外以纾邻国见逼之危，扶九庙之倾危，救一城之惨酷。"[①]诏书中的"旧弼"是指张邦昌而言。这份元祐太后下的诏书，客观公正地肯定了张邦昌临危受命的缘由及其所作的贡献。

张邦昌邀请元祐太后垂帘听政，是他还政于宋，谋取宋朝复辟的第一步。当时，赵姓宗室只有康王赵构一人未被俘虏，于是，张邦昌想方设法劝说康王赵构登基为帝。为此，张邦昌派谢克家将"大宋受命之宝"送到康王赵构的手中。与此同时，元祐太后派她的侄子孟忠厚为信使，将她的劝康王赵构登基之书也送了过去。受此影响，李邴、尧舜明、赵子崧等人又向康王赵构发出了劝进书，促成了康王赵构即位，恢复了赵氏宋朝统治，史称南宋。

---

① 《三朝北盟会编》卷93，靖康中帙六十八，上海古籍出版社缩印本，第685页下栏。

五 张邦昌的权宜之计

张邦昌是为了保全开封一城人的性命，在宋朝百官的劝进之下，被迫接受了金国的册立。不管是文武百官也好，张邦昌本人也好，都知道这是应对金人威胁的权宜之计。在靖康二年（1127）四月七日，即金军撤离开封城不久，张邦昌即派蒋师愈等人将他的书信送到了康王赵构的手中。在这封信中，他详细介绍了被迫册立的始末："邦昌对二太子哀号擗踊，以身投地，绝而复苏。虏执酋命，终莫能回，度非口舌可争，则以头触柱求死不能，又缘甲士防护，昼夜监守，虽欲引绳、挥刀、赴井、陷河皆不可得。岂谓城中之人相与逃死，乃嫁大祸于一身……邦昌身为宰辅，世荷大恩，而不能报主辱、而不能死，复何面目以见士民。然念兴复之计，有在于从权，以济大事，故遂忍死于此，欲追二帝之还，而报于殿下也。"康王赵构读此信后，答张邦昌说："九庙之不毁，生灵之获全，相公之功，已不愧于伊周矣。"[①]

稍后，张邦昌又派其外甥吴何、康王赵构的舅父韦渊持其书信送给康王赵构，其大略言："内封府库，以待大王。颜子曰，子在回何敢死。邦昌所以不死者，以君王之在外也。"康王赵构读了此信，很受感动，"王嘉悦，召吴何饮以酒，赐金十锭以宠之"。

四月二十三日，张邦昌奉表劝进康王赵构早即皇帝'位。当时，康王赵构正赴南京归德府，拟在南京即位。二十六日，张邦昌以太宰的身份赴南京，"邦昌痛哭请死"，康王赵构感动流泪。根据张邦昌的安排，开封城中满载货

---

① 《三朝北盟会编》卷91，靖康中帙六十六，上海古籍出版社缩印本，第674页上、下栏至675页上栏。

物和宫嫔的纲船发往南京，"汴河之舟如鳞次而行"。

根据宋朝人当时的记载，张邦昌被拥戴确实是权宜之计，不仅保全了开封城百余万人的性命，也保全了开封城和赵氏宗庙、陵寝，最后还政于赵氏，为康王赵构的登基创造了条件。我们应当尊重历史，不应当有任何偏见。康王即位以后，张邦昌认为已经完成了还政于赵氏的使命，提出告老还乡，却为宋高宗（即康王赵构）所挽留，表示"朕以崇德报功"，[①]宋高宗任命张邦昌为太傅，封为同安郡王。最初规定五日一上朝，后依照元祐间文彦博一月两赴都堂的故事，诏张邦昌一月两赴都堂，不限时刻，即可早可晚。后来遭到李纲的反对，称张邦昌有僭窃之罪，不应尊崇。当时，李纲为尚书右仆射、中书侍郎，总揽朝政。宋高宗不得已，只好将张邦昌降为昭化军节度副使，潭州（今长沙）安置，不久，又被赐死，享年47岁。

在古代僭伪被认为是大逆不道的罪行。张邦昌的大楚虽然先后只存在了33天，他还做了一些利国利民的善事，这与刘豫的伪齐是有所不同的，然而只要有僭伪之嫌，便是罪不可赦，因此，在元朝人修撰的《宋史》中，将张邦昌列入了《叛臣传》。

---

① 《三朝北盟会编》卷104，炎兴下帙四，上海古籍出版社缩印本，第766页下栏。

第十章

金军三下中原宋高宗逃至江南

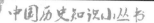

一　宋高宗即位

康王赵构，是宋徽宗第九子，其母为韦贤妃。金军第一次南下打到开封城之际，宋朝被迫求和，金军宗望提出了三个条件，一是犒军赔款，二是割让三镇之地，三是派亲王为人质。于是，康王赵构以人质的身份出使金国。不久，宋朝又提出更换人质，以宋徽宗第五子肃王赵枢代替康王赵构。

当金军二下中原之时，肃王赵枢与陪同他的太宰张邦昌，被金人召回了开封，而康王赵构滞留在相州（今河南安阳市）。当金军包围了开封以后，相州、磁州（今磁县）、卫州（今汲县）、邢州（今邢台）、洺州（今永年）等地百姓诸豪，自动护卫康王赵构，"乞早起兵"。康王赵构表示，他是奉命出使，在没有得到皇帝御旨以前，"不敢擅起兵"。

这时门下侍郎耿南仲以割地使的身份到达相州，相州居民一听说他要把三镇土地割给金国，十分气愤，拒绝他进入相州城。这时耿南仲得知康王赵构在相州城内，马上灵机一动改变了说法，"不复言割地事，乃诈称面奏皇帝圣旨，尽起河北诸郡兵入围（开封）"。[①] 康王赵构信以为真，马上令耿南仲张贴告示招兵买马。南平李氏、平罗兰氏、鹤壁田氏三大富豪家族各聚3000人，由康王赵构调遣。

靖康元年（1126）闰十一月二十日，宋钦宗派武学进士秦仔携带御旨出开封城，找到了康王赵构，任命他为河北兵马大元帅，陈亨伯为兵马元帅，宗

---

① 汪伯彦：《建炎中兴了日历》，见《三朝北盟会编》卷67，靖康中帙四十二，上海古籍出版社缩印本，第504页下栏。

泽、汪伯彦为兵马副元帅，召集河北兵马，入卫京城。在开封城沦陷以后，同年十二月一日正式建立了兵马大元帅府。十二月三日，宗翰要求宋钦宗召回康王赵构，以便把赵氏皇族一网打尽。宋钦宗拒绝执行。十二月二十五日，金兵包围了相州，企图捉到康王赵构，不过康王赵构已于十二月二十四日离开相州，到达了北京大名府（今大名县）。当金兵押送徽、钦二帝北归之时，康王赵构成为漏网之鱼，得以幸免。在金军离开了开封城以后，由于元祐皇后、张邦昌、赵子崧等等多人的劝进，康王赵构于靖康二年（1127）五月一日在南京应天府（今商丘市）即皇帝位，改元建炎，宋朝的历史进入了一个新的阶段。自此以后，宋朝被称作南宋，康王赵构成为南宋的第一位皇帝，史称宋高宗。宋高宗是其庙号，其谥号为"圣神武文宪孝皇帝"。他在位36年，活了81岁，是宋朝历史上在位时间最长，同时也是寿命最长的皇帝。

二 李纲被罢

$金$军二次南下中原的重要目的，是推翻赵氏朝廷，另建一个异姓的政权，故而册立张邦昌为大楚，作为代替金国来管理中原的傀儡。张邦昌大楚只存在了33天，就被宋高宗废除了，赵氏政权又死灰复燃，这便激怒了金国，于是金军三下中原。

宋高宗赵构，也同其父赵佶、其兄赵桓一样是一个重用奸臣，以求和割地来换取苟且偷生的昏君，受其影响地方上的各级文臣武将，也成为贪生怕死的懦弱分子，一听说金军来攻，便弃城逃跑，或大开城门投降。因此，宋军一败涂地，宋高宗狼狈逃窜，重演了金军一次南下、二次南下的历史悲剧。

李纲被任命为尚书右仆射之初，即向宋高宗赵构上书，陈述和、战、守三者的关系。他说："以守则固，以战则胜，然后其和可保。不务战守之计，惟信讲和之说，则国势益卑，制命于敌，无以自立矣。"①建炎元年六月二十八日，李纲向宋高宗提出要募兵买马，募民出财以助兵费，国家只有以兵为重，才能抵御金兵的侵扰。宋军以步兵为主，难以阻挡金军骑兵的突击，故而要买马建立骑兵。②并建议宋高宗巡视关中、襄邓（襄为今襄樊、邓为今邓县），"以系天下之心"，即取得各地民众的拥护。这对于刚刚即位不久的宋高宗来说，取得民心是非常必要的。

然而宋高宗却亲信黄潜善、汪伯彦两个奸臣，黄潜善原为河间府知府，汪伯彦原领真定府，都曾在赵构的兵马大元帅府中任职。宋高宗即位以后，

---

① 《三朝北盟会编》卷105，炎兴下帙五，上海古籍出版社缩印本，第769页上栏。
② 《三朝北盟会编》卷109，炎兴下帙九，上海古籍出版社缩印本，第800页上栏。

黄、汪二人官在李纲之下，心中怀有忌妒。特别是李纲提出的以战、守求和之说，引起了他们的不满。于是，黄、汪在宋高宗面前不断散布李纲的坏话，恶意中伤。又指使其亲信向宋高宗揭露说，李纲堵塞言路，独擅朝政，招兵买马也成为李纲的一大罪状。[①]宋高宗不辨黑白是非，在黄潜善、汪伯彦的压力之下，于建炎元年八月十八日将李纲撤职。此事在开封引起了很大的风波，太学生陈东和欧阳澈等人上书宋高宗说，李纲不可罢，黄潜善、汪伯彦不可用。宋高宗没有采纳陈东、欧阳澈的建议，黄潜善、汪伯彦将陈东、欧阳澈斩首。这样，黄潜善、汪伯彦控制了朝廷，宋高宗听从他们的摆布，采取了逃跑为上的政策。宋高宗听从黄潜善、汪伯彦的建议，由南京应天府逃往淮甸（指淮河北岸）和扬州，当时扬州是中原地区仅次于开封的繁华城市，宋高宗要逃到这里，显然是为了躲避战火，寻找一个安定的地方去享受一番。黄潜善、汪伯彦长期在宋高宗的身边，对宋高宗的为人有清楚的了解，尽量设法取得宋高宗的欢心。任何时代的误国奸臣，无不如此。

---

① 《三朝北盟会编》卷113，炎兴下帙十三，上海古籍出版社缩印本，第825页下栏。

三 金军三下中原

金国在得知宋高宗由南京应天府逃窜不久，即第三次进军中原。此次金军南下，仍分为东、西两路。西路是以宗翰为统帅，重要的将领有完颜娄室、撒离曷、黑峰等人，东路是以宗辅为统帅（宋朝人将宗辅记作窝里温），金兀术在宗辅帐下为将。此次金兵进军的路线，与其前两次南下基本相同，因为他们对这两条路线的地理环境已经相当熟悉了，不用汉族人向导也能找到道路。

东路宗辅自燕山府南下，由清州（今河北青县）、沧州（今仍其名）渡过黄河，直奔山东而来。宋朝的知密州（今山东诸城县）军事赵野，听到金军南下的消息以后，赶紧把家里的细软财物装车，家属乘轿弃城逃跑。官衙中的军卒杜彦、李逯、吴顺闻讯，追至张仓镇将赵野捉回来，将赵野手足钉在木驴上推到谯门斩首。由于宋军闻风而逃，宗辅所率领的东路军，很快地占领了青州（今山东益都）和潍州（今山东潍坊）。继而又占领了中山府（今河北定州）和洺州（今河北永年县），洺州城的居民杀死了童贯的部下坚守城池，金兵包围洺州甚久，城内粮食已尽，强壮者突围逃往大名府，城内无人防守，金兵才得以入城。中山府附郭为定州，在唐河上，为南北要冲。城内军民坚守不降，但是由于金兵长期围困，粮草断绝，士兵饥饿到骨瘦如柴，不能执武器战斗。城陷以后，金军对守城士兵的精神钦佩不已，拟挑选一千人为之效力，可是这些士兵"皆无力行步，扶杖而往"。

东路金军南下途中所遇到的强敌，是五马山的义军。五马山在庆源府赵州（今河北赵县）境内。靖康元年当地居民在赵邦杰和马扩的组织下，利用五马山天险抗击金兵。他们以信王赵榛总制诸山寨，义军最多时达10万人。五马山十分险峻，有朝天寨、铁壁寨等数十山寨，易守难攻，牵制了大量的金兵。金军三下中原之际，有逃亡的五马山寨义兵向东路元帅府报告了五马山寨的情况，金军得知马扩在五马山中。马扩在宣和年间作为宋朝的使节，多次出使金国。金人对马扩比较熟悉。马扩既然是宋朝的品官，极有可能将五马山的义兵拉下山，去保卫宋高宗。因此，金军集中了大量的兵力去围剿五马山。五马山中没有水井，山上的义兵为了取水必须下山。金军断绝了五马山上的水路，经过长期围困，攻陷了五马山。[①]这样，便为东路军的继续南下解除了后顾之忧。

西路金军南下时，所途经的州县多未经战斗即轻易地攻陷了，只有个别州县顽抗，然而不如金军强大，最后还是落入金军手中。西路军仍是沿太行山南下，由于当时河东（今山西）的重要城镇，如太原、岚州、宪州、平阳、汾州、解县、孟州等，在金军二下中原以后一直被金军占据，其余的州县势单力孤，很快被金军攻取，宋人张汇《金虏节要》称："河东州郡官多弃城而南走两河，州郡外无应源，内复自乱，于是为贼乘而取之，如俯拾遗物。"因此，西路金军很快地就到达了黄河岸边。

西路金军到达黄河北岸时，宋将郑建军守河阳（今孟县），翟进守河清（又称白磊，在今孟县西）。金兵攻河阳南城，郑建军之兵溃散，金军于河阳顺利渡过黄河，直奔西京洛阳而来，守城的宋军官吏"弃城南走，残民开城以降"。继而金军顺黄河东下攻打郑州，"治军州事董庠弃城走"。另一部金军由龙门（今山西河津市）西渡黄河，负有守河任务的宋将沿河安抚使曲方驻于韩城（今陕西韩城市），"日以饮酒蹴鞠为事，未曾治军"，[②]结果金军在龙门轻易渡过了黄河，进入陕西境内。金军由韩城南下直奔同州（今大荔县），在距同州70里远的地方，同州城中即骚动不安，"同州通判及知县众官皆走"，治军州事郑骧被吓得投井而死，于是同州举城降金。大荔在渭河北

---

① 《三朝北盟会编》卷113，炎兴下帙十三，上海古籍出版社缩印本，第829页下栏。又同书卷114，炎兴下帙十四，上海古籍出版社缩印本，第831页下栏。又同书卷117，炎兴下帙十七，上海古籍出版社缩印本，第856页上栏。

② 《三朝北盟会编》卷114，炎兴下帙十四，上海古籍出版社缩印本，第833页下栏。

岸，距京兆府（今西安市）很近，金军渡过渭河即占领了京兆府。金军向东奔陕州（今三门峡），守城的王教弃城逃往兴元府（今汉中市）。金军又南下邓州（今河南邓县），邓州安抚使范致虚"弃城走"，权安抚使刘汲率众仓促出战，兵败被杀。此后，武胜军也向金军投降。

　　与宋朝的腐败官军相比，民众的抗击活动却给金军以沉重的打击。其中以王彦的八字军影响最大。王彦本是宋朝官员，曾任河北招抚使都统制，喜读书，善骑射，曾率领包括岳飞在内的7000人渡过黄河，招抚不顺从金军的军民抗金一度曾占领卫州所属的新乡县（今河南新乡市），"传檄诸郡"。金人以为是宋朝的大军来到，调集重兵包围了新乡县城。由于敌众我寡，王彦只好杀出重围，率领数十人，转战数十里，得以逃脱。他收集散亡民众700人，进入龚城县（今河南辉县）西山（即太行山），为防止金兵搜索，每天夜里都不断更换住处。他的忠心报国、奋力抗金行为，感动了跟随他的民众，都在脸面刺上"赤心报国、誓杀金贼"八字，故而被称为"八字军"。①

　　王彦与部下士卒同甘苦、共患难，深得民众的爱戴和拥护，"两河（指河北、河东）响应，召集忠义兵民首领如傅选、孟德、刘泽、焦文通等一十九寨，十万余众，绵亘数百里，金鼓之声相闻。自并、汾、相、卫、辉、泽间，倡议讨贼百里者，皆受彦约束"。金人深以"八字军"为心腹之患，曾以大军围剿，然而"八字军"据险而战，给金军以沉重打击，"大小无虑百十战，斩获银牌首领、金环女真，及夺还河南北路生口不可胜计"。②王彦领导的"八字军"，令金军士兵敬畏钦服。据赵甡之《中兴遗史》记载，金国士兵一听说与王彦打仗，都"跪而泣曰：王都统寨坚如铁，未易图也。必欲使某将者，愿请死不敢行"。③"八字军"的英勇敢战，恰与宋朝官军的懦弱、惜命，形成为明显的对比。

---

① 《三朝北盟会编》卷113，炎兴下帙十三，上海古籍出版社缩印本，第829页下栏至830页上兰。

① 《三朝北盟会编》卷125，炎兴下帙二十五，上海古籍出版社缩印本，第831页下栏。

② 《三朝北盟会编》卷116，炎兴下帙十六，上海古籍出版社缩印本，第851页上栏。

四 宋高宗逃至扬州

金军三下中原，是以捕捉宋高宗赵构为主要目的。当金军听说宋高宗要离开南京应天府（今商丘）南迁扬州（又称维扬）的消息以后，立刻加快了进军的步伐。建炎二年（1128）九月十二日，金军攻陷了冀州（今河北冀县）。十三日，重新攻陷长安（今西安），守城的郭琰弃城逃走。二十六日，金军占领相州（今安阳市）。十月十二日，金军攻打濮州（今河南濮阳市），由于知州杨粹中固守不降，城破以后杨粹中登宝塔最高级不下，"金人惜其忠义，许以不死"，杨粹中始走下宝塔。金人入城以后大肆杀戮，将城中房屋烧毁。宗辅、挞懒、阇母兵合一处，在东平（今山东东平市）将宋将马扩打败，马扩逃走。十二月十日，金军攻打东平府，守城的权邦彦弃城逃走。十四日，金军攻打北京大名府（今河北大名县），城破以后，宗翰对坚决守城的郭永劝降，为郭永所拒绝，最后郭永被宗翰所杀。这样，黄河以北地区的州县和黄河以南的部分州县，已为金军占有，企图一举活捉宋高宗。

其实，早在宋高宗即位不久，即决意南逃。建炎元年七月中，宋高宗即决定先让元祐太后和六宫前往"东南"，即杭州。他自己表示"独留中原，训练将士"，要与金军决一死战。其实，这是敷衍李纲的骗人之言。当金军尚未动兵南下之时，十月二十七日，他就从南京应天府南逃，十一月十四日到达泗州（今安徽泗县），十一月底到达扬州。在此期间，东京留守宗泽曾向宋高宗发出24封奏章，要他"车驾还京师"。在奏章中指出："京师，天

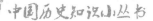

下根本，宗庙、朝廷、百司、仓库，俨然如旧。"①然而他的建议，多为黄潜善、汪伯彦所阻止。宗泽之志不能实现，心情郁郁，"久之疽发背而死"，享年70岁。临死前一天，宗泽吟杜甫的诗句"出师未捷身先死，长使英雄泪满襟"，以表达他的悲哀心情。死前三呼"过河、过河、过河"而气绝。②其遗书仍在劝宋高宗回銮还都。

宋高宗以扬州为行在，主要出于享乐的需要。扬州古称维扬，源于《尚书·禹贡》"淮海惟扬州"。又称广陵，古有广陵城、广陵郡设此。此处是隋代运河通济渠与长江汇合处，交通方便，早在隋代这里就成为繁华的都市，"维扬城里昔繁华，炀帝行宫接紫霞"。唐代扬州"商贾如织"，有许多波斯人、阿拉伯人在此经商。扬州琼花，自古有名，民间广泛流传隋炀帝在扬州看琼花的故事。宋高宗受乃父宋徽宗的影响，把享乐看得特别重要，因此，以扬州为行在（即行宫）。他到扬州以后，不思如何设防御敌，却筑坛祭拜，要求百官"毋苟目前之安"，他自己却无抗金之志。金兵进攻扬州的谍报不时地传来，宋高宗、黄潜善、汪伯彦一伙人却束手无策，扬州当地的富豪被吓得纷纷搬到城外以避险，搞得城中人心惶惶，不可终日。韩世忠在淮阳屯兵御敌，当宗翰大军来临之际，韩世忠却不战自退，先退至宿迁（今江苏宿州市），再逃至沭阳（今江苏沭阳县）。到沭阳以后，韩世忠"夜寝不安，与其帐下乘夜大潮渡水，弃其军北沙路，走盐城（今江苏盐城县）。翌旦，诸君方觉知主帅既去，遂皆溃散"。③在韩世忠演退以后，知淮阳的某将，"望风投拜，金人入城，执某而去"。泗州（今江苏盱眙县）守将阎仅"率众出奔"，楚州（今江苏淮安市）知州事朱琳"具欵遣人迎降"金军。由于宋朝的州县多数叛归金军和逃跑，宗翰统率的金兵很快就尾追到

---

① 《宋史》卷360，《宗泽传》，中华书局校点本，第11285页。

② 赵甡之：《中兴遗史》，见《三朝北盟会编》卷120，炎兴下帙二十，上海古籍出版社缩印本，第879页下栏。

③ 同上书，第880页上栏。

扬州城下。

扬州城内市井之人都得知金人即将来攻城，而主持朝政的黄潜善、汪伯彦，却禁止城内人议论金兵南下攻城的消息，又禁止城内居民搬到城外。建炎三年（1129）二月一日夜里，从泗州逃回来的阎仅，得到了金军即将要攻打扬州城的确切消息，黄潜善、汪伯彦等人，"仓惶以帑带所有，通夕搬挈，翌日驾御舟泊河岸"。①宋高宗意欲马上渡江南逃，为黄、汪所劝阻，提出"候报得实，渡江未晚也"。他们不愿早些离开扬州，是因为迷恋于扬州的繁华。二月三日，金军攻陷了天长军（今安徽天长市），天长军的士兵溃散南逃。宋高宗派内侍邝询前往天长军打探，获知金军已启程南下扬州。宋高宗得知此消息，吓得来不及告诉黄潜善、汪伯彦，"刻出扬州"，身边只有都统王渊、内侍康履等数骑陪同，匆匆离去。街道两旁居民从服装上认出是皇帝逃跑，城中顿时大乱，军民争门而出，"死者不可计数"。

当时，黄潜善、汪伯彦正在对食饮酒。有人问渡江之事，他们仍以得到确实消息再说。听说宋高宗早已起驾离开扬州城，他们才慌忙上马奔向江边。这时，金兵已抵扬子桥下，"应系官私船载什物，舳舻相衔，无虑万计，悉为虏人所有"。皇家的财物虽然早已装上了大船，停泊在从扬州到瓜州渡（长江渡口）的运河中，准备随时南运。可是天公不作美，这一天运河水瘦水浅，大船都陷于泥淖之中，无法起航。因此，从宋高宗登基以来各方赠送的金银财宝，全部落入金军手中。

二月四口，金兵赶到瓜州渡。宋高宗及黄潜善、汪伯彦早已渡过长江，逃往长江南岸。宋高宗乘坐的是一艘小船，到对岸西津口水府庙中暂歇。由于船太小，身边的大臣、护卫、禁兵没有一人在场。镇江府知军州事钱伯言闻此讯，赶紧派士兵将宋高宗接到镇江府。不过这时在瓜州渡未能过江的人有数十万，据《维扬巡幸记》所载："奔进坠江而死者，不啻大半。妇人无贵贱老幼，悉被驱虏，不从者杀之，所不忍见。金银珍珠玉帛委弃江畔，可

① 《三朝北盟会编》卷121，炎兴下帙二十一，上海古籍出版社缩印本，第883页下栏。

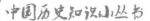

掬而取。小民或就江网得金银者不以多少，但足以为渡江之费。或渡一人得三百星者，舟子为富焉……至于官府有司案牍，俱为灰烬，片纸不留。上自乘舆御服，亦皆委去。两府侍从，或身死兵刃，或家属散失，往往皆是。"[①]士兵们个个痛恨黄潜善欲杀之以解恨。司农卿黄锷至江边，因为他姓黄，士兵误以为是黄潜善，将他拉下马来，黄锷正想辩说他不是黄潜善，"言未卒，而首已断"，被士兵砍死。片刻，朝官史微途经这里，也为士兵所杀。李处豚、黄哲先、黄唐杰、黄唐俊等朝官，也都被士兵杀死，他们恨透了朝廷的贪官污吏，难以区分奸贤，杀了以解其恨。

宋高宗一伙来扬州，他们为图个人之快，却给扬州带来了深重的灾难和痛苦。不难看出，宋高宗是何等昏庸无能，其与宋徽宗别无二致。由于宋高宗一伙人祸国殃民，扬州城的居民反而欢迎金兵的到来，对金人充满了幻想。据宋朝人记载，扬州人"见金人游骑到，乃喧哗言：我扬州有主矣。遂家家备香花投拜"。[②]这种不正常的现象，从一个侧面反映出宋高宗、黄潜善、汪伯彦很不得人心。

宋高宗一行走到哪里，都会给当地民众造成骚扰和灾难。《维扬巡幸记》称，当宋高宗一行自镇江启程时，"镇江城中居民奔避，至弃其家属。当日军人百姓乘势为乱，至斧人家门户，持刀入室，公行劫虏什物钱帛，委街衢无人主之，几至大扰"。又称："圣驾之起镇江也，后军所过之地，无不残劫，人以为戒，故前期搬挈入山逃窜，以避其乱，凡州县场镇井邑之地，罔有一家敢开门以居，故军人过之，愈肆残害。"[③]他们与强盗无异，怎能得到人民群众的支持？

① 《三朝北盟会编》卷120，炎兴下帙二十，上海古籍出版社缩印本，第881页上栏。
② 《三朝北盟会编》卷121，炎兴下帙二十一，上海古籍出版社缩印本，第884页下栏。
③ 《宋史》卷475，《苗傅传》，中华书局校点本，第13803页。

五 苗傅、刘正彦政变

宋高宗一行南下临安（今杭州）给广大民众所造成的祸害和灾难，引起了官兵的怨恨和不满，因为士兵和中下级军官来源于农民，他们与人民群众有血肉的联系。在战争中，士兵逃跑和倒戈是常有的事情。人民群众对宋高宗的仇恨，在宋朝军队中有所反映，在宋高宗到达杭州不久，即发生了苗傅和刘正彦领导的士兵政变。

政变是由广大官兵对王渊和康履的不满所引起的。主渊善骑射，在与西夏、西羌的战争中屡建功勋。宋高宗即位以后，以王渊为御营司都统制，其责任是保护皇帝的安全，当时韩世忠、刘光世、张俊、苗傅等将领都受其节制。王渊与内侍（即宦官）康履关系密切，康履多次在宋高宗面前为他美言，使他不断升迁。宋高宗从扬州南渡时，整个船只的调配均由他掌管。他利用职务之便，将自己和康履的家私财物事先就运到了杭州，①从而耽误了刘光世的数万兵马无法及时渡江。刘光世的部队，后来在渡江以后成为保卫宋高宗的主要力量，因此，刘光世在宋高宗面前揭露了王渊的不法行为，王渊找了一个替罪羊斩首。康履更是胡作非为，在渡江以后欺压百姓，抢掠民财，杭州人民对他恨之入骨。由于康履从中帮忙，宋高宗到杭州以后，将王渊提升为同知枢密院事，仍兼御营司都统制。

苗傅是扈从统制，刘正彦是其副手。他们对宋高宗忠奸不分、听信内侍非常不满，在人民群众的影响下，于建炎三年（1129）三月五日发动了政变，

---

① 《三朝北盟会编》卷127，炎兴下帙二十七，上海古籍出版社缩印本，第923页下栏。

软禁了宋高宗、元祐太后和宰执，他们指责宋高宗："王渊渡江败事当诛，却除枢密；黄潜善、汪伯彦做相误国，行遣极轻；康履曾择陵侮将帅，人人切齿。"[①]此前他们已经斩杀了王渊，要求宋高宗交出康履处死。然后提出，宋高宗应退位当太上皇，让太子即位当皇帝，元祐太后垂帘听政。无奈之下，宋高宗和元祐太后答应了他们的要求。于是，宋高宗退位，改元明受，改都建康（今南京）。

苗傅、刘正彦的政变，是宋朝统治集团内部矛盾激化的结果，在一定程度上反映了文武百官和广大民众的意愿。不过，苗傅、刘正彦的政变只限于杭州城内，没有与各州县取得联系，势单力孤，后来被韩世忠讨伐失败，在杭州被处死。

宋高宗在金军面前节节败退，朝廷内部矛盾重重，使他丧失了抗金的信心。在苗傅、刘正彦政变以后，宋高宗主动给金太宗和宗翰发书信，提出要取消国号、帝号，作为金朝的藩属，以保证他能够苟且偷生，享受人间的快乐。这样的昏君，怎么能够抵御外侮、振兴国家？

---

① 《三朝北盟会编》卷125，炎兴下帙二十五，上海古籍出版社缩印本，第915页上栏。

第十一章

金兀术的身世

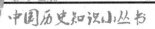
一 金兀术的姓氏

要了解金兀术的事迹，必须知道金兀术的身世，因为其身世对其成长和任用，具有深远的影响。今日考察一个国家公务员，要对其家庭出身、所受教育、社会经历进行调查，其道理也在于此。

读过钱彩《说岳全书》，或听过刘兰芳播讲《岳飞传》的人，常常认为金兀术是姓金，名字叫作兀术。这种认识是有一定原因的，清朝皇族姓爱新觉罗，"爱新"就是金的意思，北京城里有两位姓金的文化名人，一位是金启功，著名的书法家，另一位是金启琮，著名的女真文字学家，他们都是清朝乾隆皇帝的后人。满族是女真人的后裔，人们很容易联想到金朝的皇族也姓金，金兀术是姓金名兀术。

其实这是一种误解，并不是这么一回事。金兀术的"金"是指金国或金朝，兀术是人名，金兀术即金国或金朝的兀术。金兀术是钱彩在小说中使用的人名，刘兰芳播讲的《岳飞传》照样加以搬用了。

金兀术本姓完颜氏，金朝的皇族都姓完颜氏，金兀术的全名叫完颜兀术，这是女真语的人名。兀术又被写作斡啜、斡出、晃斡出，属于同音异字，是用汉字记录女真人名的结果。汉语与女真语有很大的差别，用汉字记录女真语的人名，常常因人而异，很不规范化，会出现同音异字现象。有如今日翻译外国人名、地名，不同的翻译者往往采用不同的汉字。俄国的斯大林，最初曾被译作史大林，很像是中国人名，又有人译作斯大林，《百家姓》中没有"斯"姓，这就像外国人的名字了。由于斯大林是马列主义名人，其译名必须准确无误和规范化，最后约定俗成，一律译作斯大林，废弃了史大林的译法。

金兀术名字中的"兀术"，属于小名、乳名，在《金史》中称之为"小字"。最初女真人只有小名，从幼年到成年只有一个名字即小名。后来与汉族人接触渐多，长期受汉族人的影响的结果，除了女真语小名以外，又起用了汉名，兀术的汉名叫宗弼。在元朝人撰写的《金史》中，兀术与宗弼同时使用，时而记作兀术，时而记作宗弼，这是在读《金史》时必须注意的。

女真人比较质朴，给小孩起名比较随便，没有汉族人那么多的讲究，往往是以小孩的某些生理特征命名。例如带兵讨伐宋朝的左副元帅宗翰，其女真名叫粘（nian）罕，在女真语中粘罕是指心（心脏的心）而言。金初有个著名的将领，名字叫婆卢火，在女真语中婆卢火是槌子（木槌之槌）的意思。金初还有一个将领，名字叫什古乃，在女真语中什古乃是指瘠瘦而言。还有人名叫撒合辇，在女真语中撒合辇是指人面目黧黑而言。有人名叫牙吾塔，在女真语中牙吾塔是指痈疮而言。有人名叫漫都哥，在女真语中漫都哥是指痴呆而言。

用人的生理缺陷命名，在汉族人看来是很不文明，是绝对禁止的，而在女真人那里却习以为常。《金史》的编者评论说，女真"臣僚之小字，或以贱，或以疾，犹有古人尚质之风"。[1]女真人命名不尚文雅，与汉族人命名使用文明、吉祥之语，有明显的不同。汉族人只有在极特殊的情况下小孩乳名以贱，如驴蹄、狗屎之类，目的是使小孩免灾祛病，健康成长，不过其大名却很少见到这种现象。现在北京城中有许多专门为小孩取名的店铺，常常是顾客临门，收取重金，属于商业机构。据《金史》所载"兀术"是以头颅命名，想必是其头颅有些与众不同的特征。这种命名的方式，在汉族人也偶尔见之，例如孔夫子的大名叫孔丘，是以头顶凸凹不平而得名。至于兀术的头部到底有些什么与众不同的特征，在史书中缺乏明确的记载，今已无法推测。

金国的上层贵族，受汉族人的影响，往往既有女真名（小名、小字），又有汉名（大名）。例如金太祖女真名叫阿骨打，汉名叫完颜旻；金太宗（金太祖之弟）女真名叫吴乞买，汉名叫完颜晟；金太祖的另一个弟弟女真名叫斜也，汉名叫完颜杲。据记载，阿骨打"令韩企先训字，以王为姓，以旻为

---

① 《金史》卷末，《金国语解》，中华书局校点本，第2891页。

名"。①韩企先是燕京汉族人，辽末进士及第，博通经史，知前代故事，故受到金太祖、金太宗器重，曾任尚书右丞相。金初上层贵族的汉名，大概都是韩企先所命。金太祖的子侄辈的汉名，如粘罕汉名宗翰，斡本汉名宗幹，斡离不汉名宗辅，兀术汉名宗弼，也是由汉儒命名。自此以后，历代的皇帝和宗室贵族，都有汉名。例如金熙宗汉名完颜亶，海陵王汉名完颜亮，金世宗汉名完颜雍，宗幹长子汉名完颜充，宗望长乎汉名完颜齐，宗弼长子汉名完颜亨。由此看来，在金朝初年很可能就排好了后世子孙汉名的排列次序，很可能也是由韩企先或其他汉儒所为。至于普通的猛安谋克女真人，仍然使用女真名。在《金史》中，凡是以军功出身的女真人将领，很少有汉名。金兀术汉名完颜宗弼，在汉语中"弼"是辅佐的意思。兀术出为将，入为相，忠心辅佐金太宗、金熙宗，与他的汉名虽然是巧合，然而名字与其作为相一致，或许当初起汉名的时候，就已看出了他的卓越才干，俗语中有从小看到老的说法，是有一定科学道理的。

金兀术的"金"，是代表金国，不属于姓氏。金代的女真人姓氏共有100多个，要比汉族的姓氏少得多。据宋朝人无名氏编辑的《百家姓》，当时单姓、复姓共有441个，这是很不完全的，尚有遗漏。《金史》所记女真人的姓氏只有99姓，在金代碑刻墓志中又发现了若干姓，至今已知金代姓氏为109姓，②只有《百家姓》的1/4。金代皇族姓完颜氏，不过姓完颜氏的人并不都是皇族，皇族只有完颜氏中的一部分。这种现象与汉族的姓氏有些相似，唐朝皇族姓李氏，不过只有陇西的李氏与皇族有关，其他地方的李氏就不属于皇族了。

金朝女真人的姓氏，有高低贵贱之分。女真人崇尚白色，因此，高贵的姓氏称作白号之姓，低贱的姓氏称作黑号之姓。在白号之姓中，最高贵的是完颜氏，又称国姓，这是因为皇族姓完颜氏的缘故。金朝皇帝有时会赐姓，通常是将汉族官员赐姓完颜氏，以提高汉族官员的地位，以这种方式来笼络汉族官僚为其卖命。这种现象在金朝后期比较常见，金宣宗时，"郭仲元、郭阿邻以

① 《三朝北盟会编》卷3，政宣上帙三，上海古籍出版社缩印本，第22页上栏。

② 景爱：《皇裔沉浮——北京的完颜氏》，学苑出版社2002年版，第9页。

功皆赐国姓"。①贞祐初年的战将完颜霆本姓李氏，中都宝坻人，完颜佐本姓梁氏，武清人，都是镇压刘永昌起义被赐以国姓。有时以女真人其他姓氏赐予汉族官员，如乌古伦长寿，本姓包氏，临洮人，在金宣宗时赐姓。郭虾蟆，会州人，在兴定初年被赐颜盏氏。乌古伦氏、颜盏氏都属于女真人的白号之姓，赐以白号之姓也是一种奖赏。有了国姓可以步入贵族行列，有了白号之姓，可以提高其社会地位。因此，汉官被赐姓，是一种非常荣耀的事情。

女真人的姓氏，多以其祖先始居之地得名。完颜氏亦应如此。完颜氏的始祖名叫函普，原居高丽（今朝鲜北部），后来离开高丽，投奔居住在仆幹水的完颜部，以善于调解部族纠纷而被选为酋长。后来，完颜部由仆幹水（今牡丹江）迁往海姑水、安出虎水（今阿城市大海十沟、阿什河），在此长期定居而壮大起来。完颜氏应是以牡丹江沿岸某地得名，有人认为完颜氏是以黑龙江畔的蜿蜒河得名，因为这里发现过靺鞨人遗址。不过蜿蜒河是晚近出现的地名，是以河流蜿蜒曲折而得名，系出自汉语。完颜部出自女真语，完颜部没有在黑龙江畔定居的记载，因而完颜氏不可能以蜿蜒河得名。

金朝皇帝阿骨打、吴乞买受汉族文化影响比较深，重用刘彦宗、时立爱、韩企先等汉族官僚，模仿中原的各种典章制度，韩企先贡献最大。为了提高完颜氏的知名度，扩大完颜氏的影响，曾把完颜氏改称王氏（即帝王之王），据记载是韩企先所"训字"。从语言学的角度来看，"完、颜"二字急读（即拼音），其音恰好为"王"字。韩企先是辽末进士出身，有良好的文化修养，史书所称的韩企先"训字"，可以理解今日所说的"拼音"。将完颜氏改称汉姓"王"字，既符合皇帝之义，而语音义相合，可知韩企先的"训字"相当巧妙而深刻。在金朝灭亡以后，女真人的姓氏纷纷汉化，大多都改为汉姓，完颜氏改姓王，乌古伦氏改姓商，女奚烈氏改称郎，温迪罕氏改姓温，据今日所掌握的资料，女真所改的汉姓有59姓之多。居住在北京的完颜氏皇族后人，均改姓王氏，著名的画家王武贤（王爱兰）、篆刻书法家王佐贤，都是金世宗完颜雍的后裔。

① 《金史》卷103，《完颜阿邻传》，中华书局校点本，第2273页。

满族人是女真人的后裔，因此，满族人的一部分姓氏直接来源于女真姓氏。例如：

满族人的富察氏，来源于女真人蒲察氏；

满族人的瓜尔住氏，来源于女真人古里甲氏；

满族人费莫氏，来源于女真人裴满氏；

满族人那拉氏，来源于女真人纳兰氏；

满族人贺舍里氏，来源于女真人纥石烈氏；

满族人钮祜禄氏，来源于女真人女奚烈氏；

满族人珠赫氏，来源于女真人术虎氏；

满族人那木都鲁氏，来源于女真人纳谋鲁氏。

二 金兀术是四太子

《说岳全传》称金兀术为四太子，这是符合史书记载的，《金史》明确地记载："宗弼……太祖第四也。"①《大金国志》称兀术是"武元第六子"是错误的。金太祖死后，于金熙宗皇统四年（1144）上谥号为"应乾兴运昭德定功睿神庄孝仁明大圣武元皇帝"，故《大金国志》称金太祖为武元皇帝。

金太祖阿骨打共娶六位妻子，即唐括氏、裴满氏、纥石烈氏、仆散氏、乌古伦氏、萧氏。②其生前只有萧氏（契丹人）在金熙宗时被封为贵妃，在海陵王时被封为太妃。其余的人在其生前均无后妃之号，是其死后母以子贵被追谥为后妃的。

金太祖共有16个儿子，按照其出生的早晚、年龄的大小可以排列为以下的次序：

1. 宗幹，女真名斡本，金太祖庶长子，其母为裴满氏。

2. 宗峻，唐括氏所生，金太祖嫡长子，金熙宗之父。其死后，父以子贵，被追谥为景宣皇帝，庙号徽宗，陵号兴陵。

3. 宗望，纥石烈氏所生，女真名斡离不，金太祖嫡二子，宋朝人称之为二太子，曾封为魏王、许王、晋王、辽燕王、宋王。

4. 宗辅，后改名宗尧，女真名讹里朵，仆散氏所生，金世宗之父。后来父以子贵，被追谥为简肃皇帝，庙号睿宗，陵号景陵。

---

① 《金史》卷77，《宗弼传》，中华书局校点本，第1751页。

② 《金史》卷63，《后妃上》，中华书局校点本，第1051—1052页。

5. 宗弼，即兀术，乌古伦氏所生，先后被封为沈王、梁王。宗弼的同母弟还有卫王宗强，女真名阿鲁；蜀王宗敏，女真名阿鲁补。宗强、宗敏后来都被海陵王杀害。

在宗弼以下，还有丰王乌烈、赵王宗杰、兖王宗隽、沈王讹鲁、邘王讹鲁朵、卫王宗强、蜀王宗敏、纪王习泥烈、息王宁吉、莒王燕孙、郕王斡忽等十一人。

金太祖阿骨打的16个儿子，如果按母系排列，则是：

唐括氏（后追谥为圣穆皇后），生景宣皇帝宗峻、丰王乌烈、赵王宗杰。

裴满氏（后追谥为光懿皇后），生辽王宗幹。

纥石烈氏（后追谥为钦宪皇后），生宋王宗望、陈王宗隽、沈王说鲁。

仆散氏（后追谥为宣献皇后），生宗辅、邘王说鲁朵。

乌古伦氏生梁王宗弼（兀术）、卫王宗强、蜀王宗敏。

萧氏（崇妃），生纪王习泥烈、息王宁吉、莒王燕孙。

独奴可（娘子），生郕王斡忽。[①]

以年龄而论，兀术（宗弼）在金太祖的诸子中位于第五位，其前面还有宗幹、宗峻、宗望、宗辅四位兄长，《金史》为什么称兀术为四太子呢？许多人对此都会有所疑问。

其实，这是有原因的，与古代的宗法制度有关。金朝初年，女真人仍然留有原始社会的习俗，实行兄终弟继制度。因此，金太祖阿骨打死后，由其弟金太宗吴乞买即皇帝位。金太宗时，以其弟完颜杲（斜也）为谙班勃极烈，即皇帝的接班人。完颜杲（gǎo）死于天会八年（1130），先金太宗而亡。金太宗死后，由金太祖的嫡长孙完颜亶即皇帝位，是嫡长子继位的制度开始确立。

在古代宗法制度实行的时候，嫡庶的区分非常严格，立嫡不立庶是通行的原则，庶子是不能继承皇位、王位和封爵的，即使在平民百姓家庭里，也实行这一原则，庶子是不能当家长的。宗幹虽然年龄居长，然而他是庶子，被排

---

① 《金史》卷69，《太祖诸子》，中华书局校点本，第1603页。

除在嫡系之外，没有继承皇位的资格。宗幹在征辽伐宋的战争中有杰出的贡献，属于开国元勋之一，却没有资格当皇帝，其子完颜亮对此愤愤不平，屡屡溢于言表。海陵王生母大氏是渤海人，是宗幹之妾。在海陵王即皇位以后，大氏被封为皇太后，然而在金太祖萧氏崇妃面前，大氏毕恭毕敬，"执妇礼"，海陵王对此"积不能平"，最后寻找借口将萧妃杀死，以平其愤。

宗幹是庶子，海陵王完颜亮是妾生，属于庶子之庶了，当然就更没有资格当皇帝了。因此，后来完颜亮发动了宫廷政变，亲手刺杀了金熙宗完颜亶，以武力夺取了皇帝宝座。完颜亮的嫡母（宗幹正妻）徒单氏，对完颜亮不守礼制的做法十分惊讶，她指责说："帝（指金熙宗）虽失道，人臣（指完颜亮）岂可至此！"完颜亮以人臣的庶子的身份篡夺皇位，是极不光彩的一页，故史家评论说："后世称无道主，以海陵为首。"① 因此，海陵王死后，被谥为炀。按照古代的谥法，"去礼远众曰炀"。隋代二世皇帝杨广，以"次不当立"谋取皇位，死后被谥为炀，海陵王以庶篡位，故而也被谥为炀。

如果按金太祖的嫡系皇子而论，不把庶长子宗幹考虑在内的话，金兀术（宗弼）就由嫡子中的第五位上升到第四位。正是由于这种原因，金兀术在《金史》中被记作金太祖的第四子，宋朝人将他称作四太子，钱彩《说岳全传》也据史载，称金兀术为四太子了。

---

① 《金史》卷5，《海陵》，中华书局校点本，第118页。

三 金兀术的少年

旧史家为了美化帝王、圣人、名人，常常宣称其出生时有异常现象发生，用以证明其出身不凡。例如汉高祖刘邦之母遇与神遇，与龙交配而生刘邦，证明刘邦属于龙种。魏文帝曹丕出生时，有云气青色圆如车盖笼罩其上，终日不散。魏武帝曹操之卞皇后出生时，"有黄气满室移日"。宋太祖赵匡胤出生时，赤光绕壁，异香经久不散，身体有金色。金太祖阿骨打出生时，有五色云气出现。

金兀术虽非皇帝，不过其出生时也有异常现象发生。《大金国志》称："兀术生时，穿庐中郁郁有气，甚异之。"①这与卞皇后出生时有黄气、曹丕出生时有青气、阿骨打出生时有五色气如出一辙，是事实果真如此，还是史家虚构出来的，今日已无法考证。不过可以反映出，当时的人认为兀术不是凡人，即使是民间的传说，也反映了民众的意识。

史书中关于兀术出生时的异常现象，为钱彩所采纳。《说岳全传》第一回说，金兀术出生时，半空中打了一个响雷，西北角黑气漫天，将近东南，好生怕人。书中所说的"黑气漫天"，即来源于史书中的"郁郁有气"，史书中没有说气的颜色是黄是黑，黄色是祥瑞之兆，黑气是不祥之兆。说黑气"将近东南"，暗示金兀术的降生，会给宋朝带来灾难。为小说"他后来侵犯中原，搅乱宋室江山，使万民受兵革之灾"埋下伏笔。

史书记载说，金兀术幼年即"为人豪荡，胆勇过人，猿臂善射"。②说他

① 《大金国志》卷27，《开国功臣传·金兀术》，中华书局校正本，第383页。
② 同上。

"为人豪荡，胆勇过人"，应当是属实的；说他"猿臂"，可能有些夸张。说他"善射"，倒是真实可信。这从他后来在战争中的表现，可以得到证实。

兀术出身于贵族世家，其父、祖、曾祖都是完颜部女真的酋长。兀术死于金熙宗皇统八年（1148），享年为何，史书没有记载。如果按享年60推算，兀术应生于辽大安年间（1085—1094）。当时是完颜部女真势力强大，用武力统一女真各部落时期。出于军事的需要，完颜部的上层贵族个个都勇敢善斗。《辽史》记载说，吴乞买（即金太宗）、粘罕（即宗翰）、胡舍（又作骨舍）等人，"能呼鹿，刺虎，搏熊"，[①]勇不可当。当时的社会环境，要求完颜部贵族必须勇猛果敢，不怕艰苦牺牲，而兀术的家庭环境，又有利于培养他的战斗精神。据记载，兀术的堂兄粘罕（宗翰），"幼时嬉戏，为部伍、击刺之法"，[②]所谓"部伍"即是列队，摆出战斗的阵式；所谓"击刺"，是指格斗、使用兵器。当时完颜部贵族子弟，大概都是如此，无一例外。

由此可知，兀术幼时的社会环境和家庭环境，对他的成长产生深远的影响，培养了他勇敢、果断的性格。这对于他青年时代征辽伐宋中的卓越表现，以及回到朝廷中担任丞相期间，果断地处理宋金关系，奠定了良好的基础。

---

① 《辽史》卷27，《天祚皇帝》，中华书局校点本，第326页。
② 《大金国志》卷27，《开国功臣传》，中华书局校点本，第379页。

【第十二章】

金兀术登台追宋帝至大海

　　金兀术之名威震中原，与他追捕宋高宗至大海有密切的关系。他在归途中被困在黄天荡，掘老鹳河故道至秦淮河，从而逃脱到长江北岸。钱彩《说岳全传》对这段故事有生动的描写，很有戏剧性。过去京剧中有《梁夫人击鼓战金山》，就是据此改编的。为了清楚地了解这段历史，首先必须对金兀术在征辽战争中的表现、在前两次伐宋中的作为，作些必要的论述说明。

一　由战将到右都监

　　金兀术初次亮相，是在征辽的战争中。征辽的主要将领有两人，一是完颜杲，二是宗翰（即粘罕）。完颜杲女真名叫斜也，是金太祖之弟，比吴乞买要小一些。金初实行勃极烈制度，即贵族会议决定国家大事。当时的皇帝称都勃极烈，即总治官。皇储称谙版勃极烈，即官之尊且贵者。在此之下还有国论勃极烈、胡鲁勃极烈、移赍勃极烈、阿买勃极烈、乙室勃极烈，等等。金太宗天辅五年（1121），完颜杲为国论勃极烈，宗翰为移赍勃极烈，宗翰的官位仅次于完颜杲。完颜杲作为皇弟，统领内外诸军事，即都统，与后来的都元帅相当。宗翰名义上是完颜杲的副手，实际上金太祖特别相信宗翰，他曾对宗翰说："此议西征（按：指征辽），汝前后计议多合朕意。宗室中虽有长于汝者，若谋取元帅，无以易汝。"[①]由此不难看出，金太祖阿骨打对宗翰是何等的器重金兀术初涉军事，是在其叔父完颜杲手下打仗。当时，金兀术很年轻，身份不高，只是一名普通的战将。不过在金兀术初次上阵时，就表现出了他的勇敢善战。天辅六年（1122）二月，宗翰率领偏师攻打北安州（今河北隆化县），与娄室、徒单绰里兵合一处，戍守北安州的奚王霞末兵败投降，宗翰占领北安州。然后派遣其助手完颜希尹经略附近地区，俘虏了辽天祚皇帝耶

---

① 《金史》卷74，《宗翰传》，中华书局校点本，第1693—1694页。

律延禧的护卫耶律习泥烈，从他的口供中得知耶律延禧正在鸳鸯泺（今张北县安国里淖）打猎，其身边的辽兵数量既少，又缺乏战斗力。宗翰将此情况报告了完颜杲，反复商量的结果，兵分两路进军鸳鸯泺，完颜杲兵出青岭，宗翰兵出瓢岭，拟于羊城泺会合。羊城泺即今河北沽源县城北的囫囵淖、公鸡淖、水泉淖，古代是一个很大的湖泊，今分裂为许多小湖泊。

在完颜杲帐下的宗望（斡离不）、宗弼（金兀术）得到进军的命令以后，为了尽早捉到耶律延禧，只率领了百骑与马和尚等人，前去追击辽将越卢孛古、野里斯，在交战以后，"宗弼矢尽，遂夺辽士兵枪，独杀八人，生获五人，遂审得辽主（按：指耶律延禧）在鸳鸯泺畋猎，尚未去，可袭取者"。[①]不过宗翰率领的另一支金军动作极快，"倍道兼行，一宿而至"。当宗翰到达鸳鸯泺的时候，耶律延禧已经逃掉了，逃往人迹罕至的夹山（阴山西部）。宗弼、宗翰虽然都没有在鸳鸯泺捉到辽朝的皇帝耶律延禧，不过金兀术的初次战斗即表现非凡，故而宇文想昭记载说："（宗弼）遇战酣，出入阵中，部人惮之。"所谓"部人惮之"，是指士兵都畏惧其英勇果敢、不怕流血牺牲之意。其实，金国的官兵都是如此，不过金兀术作为皇子更有代表性而已。宇文懋昭是宋朝人，宋与金是敌对国家，却称赞金兀术的勇敢善战，这是令人深思的。

天会四年（1126）金军一下中原之时，金兀术还很年轻，在宗望（斡离不）帐下为将，随宗望一起南下。金兀术奉命去攻打汤阴县城，汤阴是以地处汤水之阴（古以河南岸为阴，河北岸为阳）而得名，岳飞即是汤阴县人，不过这时的岳飞已从戎当兵，并不在汤阴。汤阴是一个小县，属于河北西路相州。金兀术很容易地攻克了汤阴县城，"降其卒三千人"。

金军渡过黄河，包围了东京开封城。这时，金兀术率领3000骑到达了开封城下。宋徽宗让位给宋钦宗以后，仓皇出城南逃避难。金兀术派百余骑追赶，由于消息得到的比较晚，没有能追到宋徽宗一行，却缴获了御马3000匹，也算是不小的胜利。

在金军一下中原之时，宗翰曾提出以一路之军围攻汴京开封城即可。金

---

① 《金史》卷77，《宗弼传》，中华书局校点本，第1751页。

兀术提出不同意见，他认为开封城规模大、守城军多，只以一军之力恐难奏效。他派专人到宗翰那里去说明情况，"既而粘罕知未可图，果如兀术所言，遂已"。①一向高傲自大、目中无人的宗翰，在军事行动中很少采纳别人的意见，这次却有些例外，说明金兀术很有军事才干，为宗翰所钦服。

在金军二下中原之时，金兀术的军事才干得以充分发挥出来。他去攻打开德府（今河南濮阳市），由于坚守难攻，加上金军缺乏粮食，金兀术马上放弃开德府，转攻濮州（今山东鄄城县），前锋乌林答泰打败了宋将20万大军，很顺利地攻克了濮州及附近五县，然后又回过头来攻打开德府。在金军走后，开德府放松了警惕，却没有料想金兀术来了一个"回马枪"，"宗弼以其军先登，奋击破之"。②金兀术之军乘胜又攻克了大名府。

金兀术在战争中的卓越才能，使他由一员普通的战将，很快被提升为元帅右都监。据《大金国志》记载，"（天会）七年，（宗弼）为右监军，请于粘罕，乞提兵侵江南，从之"。③右监军为元帅右监军的简称，按金代的兵制，高级军阶有都元帅、左副元帅、右副元帅、元帅左监军、元帅右监军、左都监、右都监七级，右监军属于第五级。不过《金史》的记载，却与《大金国志》有所不同。当时金兀术的军职是右都监，而不是右监军。当金兀术从江南北归以后，由于没有捉到宋高宗而受到挞懒的嘲笑，宗翰提出应当继续讨伐宋高宗，不捉到宋高宗决不罢休。金兀术告诉宗翰说："江南卑湿，今士马困惫，粮储未充足，恐无成功。"宗翰讥讽说："都监勿偷安尔。"④《金史》是根据金朝的文献撰编的，要比宋朝人编写的《大金国志》可靠，因此，右监军应为右都监之误。右都监为从三品，属于高级军职中的一员。

在天会四年，金军一下中原时，金兀术只是宗望帐下一名普通的战将，经过四五年的战争锻炼，他很快地成长起来，由普通的战将升为右都监，说明他的升迁是很快的，与他的杰出军事才能有密切的关系。

---

① 《大金国志》卷27，《开国功臣传·金兀术》，中华书局校正本，第383页。
② 《金史》卷77，《宗弼传》，中华书局校点本，第1752页。
③ 《大金国志》卷27，《开国功臣传·金兀术》，中华书局校正本，第383页。
④ 《金史》卷77，《挞懒传》，中华书局校点本，第1761页。

二 金兀术突破长江

金军三下中原的目的，是推翻宋高宗的南宋政权。由于宋高宗逃到江南，使金人很不甘心。于是，金兀术毛遂自荐，他向宗翰提出，他愿意带兵到江南去追击宋高宗。此次金兀术是以右都监的身份统兵伐宋，因而带领了一批重要的将领，其中有汉族将领韩常、王伯龙，渤海人将领大挞不也，女真人将领聂耳、银朱、拔离速等人。韩常是燕山（今北京）人，"善射，以挽强见称，射必入铁。兀术渡江，常为先锋"。①王伯龙是沈州双城县（今沈阳市北石佛寺村）人，任静江军节度使，宗望一下中原时曾任先锋，勇冠三军。大挞不也本名大臬，辽阳人，以勇敢著称，金军一下中原时，大挞不也第一个抢渡黄河。银朱即银术可，"在部落中以勇悍知名，刺虎搏熊，辈伍无敌"。②拔离速为银术可之弟，曾在宗翰部下为将，追宋高宗至扬州。这些将领均以勇敢善战著称，金兀术挑选他们同行，是有原因的。

宋高宗由扬州逃到杭州以后，他发现女真军并没有渡江追来，认为以长江为险，就可以平安无事了。所以又迫不及待地将行在迁到了江宁府，即今南京。江宁是三国时期东吴的首都，后来，东晋和六朝时期的宋、齐、梁、陈，五代时期的南唐，均曾建都于此。经过长期的经营建设，江宁府成为经济文化繁荣的大都市。"烟笼寒水月笼沙，夜泊秦淮近酒家"，就是真实的写照。南唐后主李煜在国破家亡以后，还念念不忘江宁城中的"小桥、流水、人家"。宋高宗很迷恋江宁府的繁华秀丽，想体验一下前代帝王的奢侈生活。建炎三

---

① 《大金国志》卷27，《银术传》，中华书局校正本，第390页。

② 同上书，第384页。

年（1129）二月二十八日"诏幸江宁府"，他在诏书中谎称"钱塘非可久留之地"，只有"移跸江宁府"，才可以"经理中原之事"，并将江宁府改称建康府。宋高宗即皇帝位以前被封为康王，所谓建康寓有为自己树碑立传之意。宋高宗来到建康府以后，选住在后唐李后主的旧宫中，反映出他与李后主属于一丘之貉，都是无道昏君。

说宋高宗到建康府（今南京）来是为了享受，是有根据的。他自己也认为建康府不是安全之地，赶紧打发皇太后、皇太子、六宫去江表（今九江时称江州，别称江表）去避难，以防止秋天金军来侵掠。他的估计没有错，当他正在盘算如何在建康府享受天子之尊的时候，由金兀术率领的金国大军，正向长江步步南移。

长江与黄河相比，江宽水深，冬季不结冰，从军事的角度来看，是千军万马难以涉渡的天险。东吴孙权正是利用长江天险，偏居江东维持其统治；三军都督周瑜，也是利用长江之险，火烧赤壁打败了曹操的百万大军。可是宋高宗远非孙权可比，他是以贪图享乐为荣，什么光复故土只不过是他用以蒙蔽官兵的骗语而已。宋高宗任用杜充为同知枢密院事，来守护长江之险，保卫建康城。杜充心知这事责任重大，迟迟不敢应诏赴任，宋高宗先后两次发诏书，催他赴任，他才勉为其难地应允。杜充上任以后，并没有积极地组织长江防御，"性残忍好杀，而短于谋略"，长江天险却未能阻挡金兀术渡江。

杜充原任东京留守，他很不情愿地从东京来到建康府。为了笼络杜充，宋高宗任命他为尚书右仆射兼同知枢密院事，又命杜充为江淮宣抚使，留守建康府，沿江诸将都听他的节制。由于杜充"骄蹇自用"，喜怒无常，刘光世、韩世忠都不愿意听他调遣，宋高宗只好让刘光世守光州，韩世忠守常州，这就极大地削弱了长江防御的力量。

金兀术对宋朝长江防御有充分的估计，扬州瓜州渡是宋高宗南渡之处，宋兵防守必严。建康府是杜充驻地，自然也会加强防备。因此，金兀术避开了从扬州到建康府的大江，而以其上游的黄州（今湖北黄冈市黄州区）和和州（今安徽和县历阳）渡江，这两个地方都是宋军防御薄弱的地方。

金军先攻克了黄州以北的光州（今河南光山县），在这里补充了大量的粮草以后，南下黄州，当金兵到达黄州城下时，黄州知军州事赵令晟尚在长江对岸的武昌（今鄂州市），他获悉连夜赶回黄州城。然而守城人少，金兵很快攻下黄州城，赵令晟殉节而死。金兵在长江岸边获得小船若干，由于数量不多，于是拆毁民房，以房木编成木筏，以小船牵引顺利渡过长江。宋朝在长江南岸没有设防，金军过江即向东，"取大冶县捷路"，开向洪州（今江西南昌市）。当时，刘光世驻军洪州，他派都统制王德巡查大冶县、武昌县、瑞昌县，得知金兵已渡过了长江，将此飞报刘光世，刘光世却"持重，无出兵"，[1]使金军得以顺利地杀向附近的州县。是时，元祐太后刚刚离开洪州不久，逃往虔州（今江西南部赣州市），很幸运地脱离了险境。

与此同时，另一路金军向和州进发，企图从和州采石渡江。和州知军州事李俦，不敢与金军交战，向金军跪拜投降，金军到达了采石渡（今安徽当涂县境内），在这里金军受到太平州（今当涂县）知军州事郭伟的有力抗击，三日五战皆捷。金军退到慈湖福山，又被郭伟打败。金军只好沿江东北行，最后从和州的马家渡过江。守江的都统制陈淬，在江上进行拦截阻击，兵败被金人所杀。"金人遂济渡，南岸无兵，金人舟不多，但无人迎敌，致使渡长江如蹈平地。"水军都统邵青以"一舟载十八人当金兵于江中，艄公张青者，中十七矢，遂退于竹案渡"。[2]

金国是北方人，长于陆战不长于水战，只要是渡过了长江，那么，便可以长驱直入，锐不可当了。

---

① 《三朝北盟会编》卷133，炎兴下帙三十三，上海古籍出版社缩印本，第968页下栏。
② 《三朝北盟会编》卷134，炎兴下帙三十四，上海古籍出版社缩印本，第978页上栏。

三 宋将的溃逃

杜充以朝廷重臣受命扼守长江之险,然而据《中兴遗史》,"杜充聚诸军在建康,而沿江皆无备"。[①]他没有尽到应尽的责任,使金国军队能够很快冲破长江天险而南渡。当杜充听说金军已渡过长江以后,他要求部下诸将去抵抗金兵,而他自己却于建炎三年(1129)十一月二十三日,放弃了建康府,渡过长江北逃。途中驻于真州(今江苏仪征市)天乐观,知真州事向子忞劝杜充说,可以乘船到浙江,他可以陪同前往。然而杜充意在北逃,向子忞了解到这种情况,他自己乘船离去。杜充谎称他要去招信县(在今江苏盱眙县西南)山寨,与刘位的兵马相会合,以抗击金兵。实际上他是逃往宿州(今安徽北部宿州市)躲避战火。后来,金兀术派人给杜充送信劝降,称:"若降,当封以中原,如张邦昌故事。"[②]于是,杜充信以为真,投降了金国。不过宗翰对杜充甚为鄙视,没有让他当傀儡皇帝。

在金兵渡江之际,韩世忠奉命在镇江扼守长江。当宋高宗得知金军已渡过长江的消息,惊恐万分,他以御笔诏书令韩世忠赴行在杭州,以保卫他的安全,又想让韩世忠戍守常州,以阻止金军南下杭州。然而韩世忠拒不受诏,他全家都登上大海船,随时准备逃到大海中避难以保证自身的安全。

在杜充渡江北逃以后,由江东安抚使陈邦光据守建康城。金兀术自马家渡过江以后,沿长江南岸东行,很快抵达建康城下。杜充北逃以前,曾采取坚壁清野,将建康城下房屋全部拆毁。从城上望去,"城下之旌旗、器仗蔽野,铁骑往来如云"。这是金军惯用的心理战术,使守城官兵产生畏惧心理。陈邦

---

① 《三朝北盟会编》卷134,炎兴下帙三十四,上海古籍出版社缩印本,第978页上栏。

② 《宋史》卷475,《杜充传》,中华书局校点本,第13811页。

光也被金军的气势吓破了胆，没有与金军交兵即主动投降，派人于十里亭迎接。"邦光率府县官自出南门，诣兀术投拜，兀术受之。"不过通判杨邦义却拒不投拜，兀术令其投降，许以高官，他却骂不绝口，不肯屈服，兀术令"拘之帐下杀之"。①陈邦光出城迎敌，为城内所知，"城中民携老幼争出东门，取蒋山路而去"。金兵将逃出城的百姓又驱逐回城中，于是金军占领了建康城。

建康城是江东（南）最大的城镇，建康城的投降沦陷产生了很大的影响，其他城镇也纷纷效仿不战自降。只有个别的城镇例外。知安吉县（今浙江安吉县）曾绰聚乡兵在石郭把隘，金兵一到石郭寨，乡兵皆逃窜。金军由安吉县进兵，"过独松林岭，叹曰：南朝可谓无人，倘以羸兵数百守此，吾岂能遽渡哉！"金兵至余杭县（今杭州市城西），知余杭县曾怛与县丞徐聿成，"率僧道官吏焚香花迎拜投降"。临安县（今仍其名）得知余杭县降金，"临安县官吏亦叛服于金人"。②

金军到达杭州城外，宋高宗早已离开这里逃跑。驻守杭州的浙江安抚使康允之，派东南第三将刘某出城迎敌，他从湖州（今仍其名）买到两个敌人的首级送给康允之，康允之发现"耳上皆戴环子"，这是女真士兵常见的佩饰，他被吓得马上"弃城遁去"，③逃之夭夭。金军到达越州（今绍兴市），浙东安抚使李邺驻此。他听说金军到来，马上向金军投降。宣抚司的郭仲荀，则弃城逃走。守城的士兵溃逃出城，变成了盗匪。只有张俊在明州（今宁波市）高桥，对金军攻得了一次小胜仗。不过"张俊虽已败金人于高桥，然心犹惧，遂与李直及刘洪道俱弃城而去"。金军攻下明州城以后，在城内杀死了许多人，以报复高桥之败。因此，明州人都痛恨张俊以小胜引来大祸。

对于宋军的节节败退，汪藻在给宋高宗的奏折中有深刻的论述。他指出，这些将领"平时飞扬跋扈，不循朝廷法度，所至焚掠驱虏，甚于夷狄"。而遇敌却不肯效力，他举例说让韩世忠守镇江，他把"所储之赏尽装海船，焚

---

① 《三朝北盟会编》卷135，炎兴下帙三十五，上海古籍出版社缩印本，第980页上栏。

② 同上书，第982页上栏。

③ 同上。

其城郭，为逃遁之计"。他又举刘光世为例，当金军渡江南下之际，"他坐视不出一兵，方与韩枢朝夕饮宴，贼至数十里间而不知，则朝廷失建康"。[1] 其实，统兵将领的胆怯惧敌，与宋高宗的逃跑政策有关，如果宋高宗不逃跑，与将士同甘共苦决心抗金，那么，各级将领就会奋勇抗敌。不过对于这一点，汪藻是忌讳莫深，难以启口的。

---

① 《三朝北盟会编》卷136，炎兴下帙三十六，上海古籍出版社缩印本，第991页上栏。

四 宋高宗和元祐皇后的颠沛流离

宋高宗在建康府驻跸期间，于建炎三年六月十六日下了一道《罪己诏》，检讨他自即位以来的诸多过失，他承认自己"乃退避苟安，迟回不决，滋乱长寇，以迄于今"。[1]不过他说是说，做是做，完全是欺人之谈，正如御使中丞张守奏疏所说："陛下罪己之诏数下矣，而天未悔祸实有所未至尔。"[2]

胆小如鼠的宋高宗又离开建康府，逃往平江府（今苏州市平江区）。然后又从平江府逃往越州（今绍兴），以周望守平江府。在越州又得到消息说，金军已占领建康府，取路向临安赶来。宋高宗马上提出要去四明（四明为明州属县，明州为今宁波）。在越州城下商议扈从人员的去向，丞相吕颐浩提出，为了行动方便，除了少数宰执人员随皇帝同行以外，其余百官可以"各从便而去"。宋高宗认为，如果没有百官扈从，"则朕所至乃同盗寇耳"。由于皇帝的神舟规模很大，无法经过通泗堰，只好将通泗堰拆毁。到了明州以后，宋高宗提出要逃到大海中避难，急令各官府寻找大海船，由于监察御史林之平的努力，从福建调来了大海船。在这里得到可靠消息说，金军已入临安城（在杭州之西，今称临安市），张俊与金军交战"不胜"，康允之败走。宋高宗在此仓促登上海船，由于扈从人员太多，最后决定"止宰执从行"。江藻提出陆行，命范中尹、赵鼎回下船，在明州等待新的消息。三天以后，宋高宗的海船到达昌国县（今舟山群岛中的定海县），并决定由海路前往温州、台州。海船南

---

[1] 《三朝北盟会编》卷130，炎兴下帙三十，上海古籍出版社缩印本，第942页下栏。

[2] 同上书，第943页下栏。

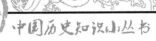

行，不巧却刮起强烈的南风，海船逆风而行，一天只能行走10里，只好抛锚休息。建炎四年（1130）正月初二日，海中出现了强劲的北风，海船得以复行，很快到达了台州港，在章安镇（今仍其名）下船，宿于祥符寺。

宋高宗在章安镇驻跸半月，有一天登金鳌峰散心，见岩壁上题有一诗，诗云：牡蛎滩头一艇横，夕阳高处待潮生。与君不负登临约，同行金鳌背上行。诗中的"君"，既指君子，又指皇帝，因为皇帝又有国君之称。宋高宗读了以后很不高兴，认为是有人题诗来讽刺他的到来，因为乘坐的海船正好停泊在牡蛎滩上。宋高宗气得将茶水泼在诗上，以漫漶其字迹。他认为章安镇不吉，赶快上船离开这里，向温州驶去。

元朝人陶宗仪（字九成）对此事记之甚详。略称：宋高宗在潜邸之日，有泰州人神翁自称能预知过去、将来事。宋徽宗召见，他向宋徽宗献了一首诗，即宋高宗在金鳌峰所见的那首诗。宋高宗至章安镇停泊以后，大海落潮，船大难行，在章安镇福济寺前等候大潮，遂微服登岸，"见此诗在寺壁间，题墨若新，方信其（指徐神翁）为异人也"。[①]此记载是否属实，尚不可知。如果真的是"题墨若新"，则应是当时当地人所新题。宋高宗治国无术，狼狈逃窜至此，故有人作诗加以讥讽。由此不难看出，宋朝民间对宋高宗的真实态度。

宋高宗在大海中偶遇一岛屿，"林木茂盛，有屋数间"。他对此很好奇，遂命停船，与内侍数人登岸观察，方知是一处寺庙，香烟未断，只是未见到僧人。他在树林中转了一圈，找到了五个和僧。僧童介绍说，这是台州寿圣寺的下院。宋高宗忽见墙壁上有文字称："为金人侵犯中原，伏惟今上皇帝消灾祈福，祝延圣寿。"宋高宗见了非常高兴，"赐金五十两，三僧各赐紫衣，二僧童各赐度牒披剃，仍令礼部赐额。"[②]如果这段记载属实，可以看出出家之人也有爱国之心。

宋高宗一行到达温州以后，驻跸于江心寺。温州地处瓯江入海口，所谓江心寺大概是修建在瓯江岛屿上，故而得名。

元祐皇后（又称隆祐皇后）和六宫一行人，为了躲避金军的南下西上江

① 陶宗仪：《南村辍耕录》卷7，《金鳌山》，中华书局影印本，第82页。
② 《三朝北盟会编》卷136，炎兴下帙三十六，上海古籍出版社缩印本，第988页上栏。

州。为了保护她们，宋高宗命刘光世由江北移驻江州，作为屏护。原先认为金军会从扬州到和州一带渡江，江南西路（即今江西省）是比较安全的地方。可是却没有料想到金军首先从黄州渡江，元祐太后一行到江州以后未敢久留，马上南下洪州（南昌）。她们刚离开六天，金军即到达江州（今九江）城下。元祐太后在洪州也不敢久留，立刻乘船南下，前往吉州（今江西吉安市）。然而刚出洪州不久，船工耿信等人造反，杨惟忠率领的扈从军溃散，元祐太后一行所携带的"六宫府库一夕而尽"。所幸元祐太后等人安全无恙。金军闻元祐太后南行，随即分兵南下。吉州（吉安市）知军州事杨渊弃城逃走，袁州（今江西宜春市）知军州事王仲嶷，则向金军投降。元祐太后经吉州潜入虔州（今赣州），经太和县（今仍其名）、万安县（今仍其名）途中，卫兵大多逃散，身边只剩下百余人。金兵追至太和县时，元祐太后刚刚离开万安县，前后相距约六十里。她舍舟登陆，拼命奔逃，才到达了虔州。为了防止金兵追到虔州，元祐太后命杨琪驻守临江军（今江西清江县），又命张中彦驻守吉州。

元祐太后等人到达虔州时，身上空无一文，随从的士兵买物，无钱支付，于是引起了军民之间的冲突。乡民呼喊："何人来坏了我州府！"军与民均披甲持器进行打斗，"军士遂纵火肆掠，虔（州）多竹屋，烟焰亘天，不可向弥。乡兵之首领陈辛，率众数万围虔州。与元祐太后同行的滕康、杨惟忠等朝官，对这场争斗束手无策，皆坐视其乱而不能禁。"[1]由此可知，元祐太后一行并不顺利，颠沛流离，没有得到民众的同情和支持。所幸的是她和六宫之人没有被金兵追捕到手，得以生还而已。其遭遇与宋高宗的逃窜极其相似，反映出他们虽然贵为皇帝、皇太后，然而其所作所为违背了人民群众的意愿，所到之处给民众造成了很大的骚扰和危害，民众自然把他们视为仇敌了。

---

① 《三朝北盟会编》卷136，炎兴下帙三十六，上海古籍出版社缩印本，第988页下栏、999页上栏。

五 金兀术与韩世忠的水战

由金兀术率领的主力部队动作非常迅速，在杭州没有停留，经越州（绍兴）到达明州（宁波）。得知宋高宗逃至昌国县（今定海县），马上"自明州乘小铁头船泛海，随潮乘风至昌国县"。宋高宗已于前一天离开了昌国县，由于没有捉到宋高宗，金军只好"纵火劫掠，至沈家门而回"；[①]金兵不会驾船水战，他们望着波浪滔天的大海，无可奈何地还兵。

金兀术在归途中经过越州时，守城的李邺投降金军，"兀术乘马往来于市中，班直唐琦愤怒，以石击之不中"，[②]被兀术捉住杀死。兀术押俘李邺至杭州，金军先是在吴山、七宝山纵火，"三日夜烟焰不绝"，然后纵兵抢掠，临走之时由于抢来的货物太多，难以用车马运输，故而由秀州（今嘉兴县）、平江（今苏州）沿运河而行，"沿路屋宇无大小，并纵火，靡有孑遗"。[③]驻守平江府（今苏州平江区）的周望，听说金军已破秀州（嘉兴），恐怖畏怯，逃入太湖中去躲藏。金军是沿运河（今京杭运河）北上，当时韩世忠的水军，部署在江阴（今仍其名）、镇江一线，金军欲从运河进入长江，必须突破韩世忠的防线。

金兀术的军队，在运河入长江口处遭到韩世忠的截击，韩世忠取胜。为此，宋高宗对韩世忠进行嘉奖，提升他为检校少师、武成感德军节度使。此后双方多次交战，互有胜负。镇江城金山上的焦山寺，是扼守运河入江的制高

---

① 《三朝北盟会编》卷136，炎兴下帙三十六，上海古籍出版社缩印本，第986页上栏。
② 《三朝北盟会编》卷137，炎兴下帙三十六，上海古籍出版社缩印本，第995页上栏。
③ 同上。

点，韩世忠抢先占领了焦山寺，与金兀术约日大战，韩世忠的夫人梁红玉亲自在金山上击鼓助威，金兵仍滞留在运河中，不得入长江。钱彩《说岳全传》中的"梁夫人击鼓战金山"一节，就是据此编写的。金兀术不得入长江，甚为恐惧，他向韩世忠提出，如果能放他入江，他将把所掠夺来的财物和名马，全部献给他，但是为韩世忠所拒绝。

为了寻找入江的通路，金兀术误入黄天荡，这是一条没有出路的死水湾。韩世忠将黄天荡的入口扼住，使金军在黄天荡中无法活动，只有死路一条。金兀术得知这是死水湾，无法逃脱，又向韩世忠提出放他一条生路。韩世忠回答说，只有"还我两宫，复我疆土，则有相全"。^①金兀术在黄天荡中与韩世忠相持了48日，仍未找到出路。这时有一宋朝人向金兀术献计说，在黄天荡与秦淮河之间，有一条废弃河道，如果能把废弃河道挖通了，就可以将船只驶出黄天荡，进入秦淮河，秦淮河经过建康城流入长江，可以渡江北归。金兀术闻此大喜，令所有的士兵都来挖河，夜以继日，很快掘通了废弃旧河道，金兀术所统率的兵马由此进入建康城。韩世忠对此事一无所知，他认为金军必然困死在黄天荡中。这条被开通的旧河道，又被称作芦阳池新河，《说岳全传》称之为老鹳河，长约30里，后来曾被沿用。

金兀术入建康城，其船只可以进入长江。不过金兀术所用的都是小船，而韩世忠使用的是大海船。韩世忠的大船在江北侧游动，金兀术的小船在江南侧行驶，由于船小、低矮，无法与韩世忠的大海船战斗。于是，金兀术公开张榜求贤，赏以重金。有一姓王的福建人，在建康城中开粮米铺。他看到金兀术的赏格很高，便告诉金兀术说，韩世忠船人有个缺点，没有风就无法活动；金国的小船，在无风的时候也可以摇棹行驶。因此，在小船上放火箭，就可以烧毁韩世忠的大海船。金兀术信以为真，连夜制造火箭（即可以燃烧的箭矢），第二天便试射，使韩世忠大海船帆中箭燃烧。由于当时无风，大海船无法活动，都中箭被烧毁。韩世忠的大海船上，"人皆全装，马皆铁面皮甲，每船有兵有马，有老少、有粮食、有辎重。无风不能行，火烘日曝，人乱而呼，马惊

---

① 《宋史》卷364，《韩世忠传》，中华书局校点本，第11361页。

而嘶，被焚与堕江者，不可胜记。远望江中，层层皆火，火船蔽江而下，金人鼓櫂（棹）以轻舟追袭之，金鼓之声震动天地，世忠败散"。[①]

金兀术的火攻，与三国时周瑜的火烧曹操军营极其相似。这是在战争中以火攻制敌的重要战例，对后世产生了一定的影响。

金兀术烧毁了韩世忠的战船以后，顺利地渡过了长江，带着他抢掠来的大量财物北归。金兀术南下江南，虽然没有捉到宋高宗和元祐太后，然而却使宋朝的官兵闻风丧胆，不寒而栗。这对于后来宋金关系的发展，促成"绍兴和议"，产生了深远的影响。

在金兀术渡江北归以后，宋高宗和元祐太后又回到了杭州，使杭州成为南宋的都城，改名临安。

---

① 《三朝北盟会编》卷138，炎兴下帙三十八，上海古籍出版社缩印本，第1003页下栏。

【第十三章】

刘豫的傀儡政权

一 杜充与折可求

金国最初以张邦昌的大楚作为傀儡政权，统治中原地区。不过就张邦昌个人而言，他是被逼上梁山，他本人并不愿意当傀儡皇帝。因此，当金军北归以后，张邦昌便主动下台，大楚只存在了33天便结束了，把政权退还给了宋高宗赵构。这使金国感到很失望，因此，在把宋高宗赵构赶到长江以南，占领了两淮地区以后，又在物色新的合适人选，扶植新的傀儡政权。"初，宋人既诛张邦昌，太宗诏诸将复求如邦昌者立之。"①

由于金太宗提出另选合适的宋朝人作为傀儡，因此，伐宋的将领都把此事作为一项重要的任务来看待，先后推荐了好多人选。金兀术渡江南伐时，发现杜充可以考虑。杜充字公美，相州（今河南安阳）人，与岳飞算是同乡。他做过东京（开封）留守，在金兀术渡江伐宋之时，被调回朝廷任尚书右仆射、同平章事、御营使，驻守建康城，属于宋朝的重臣。因此，金兀术认为此人具备充当傀儡的资格。他派人向杜充劝降说："若降，当封以中原，如张邦昌故事。"②杜充对此十分重视，真的投降了金兀术。后来，杜充到了云中（今大同）见到了粘罕（宗翰）。粘罕对有气节的被俘宋将（如张孝纯）十分器重，而对畏敌投降之人往往很鄙视。他一听说杜充是主动投降金军，觉得此人不可重用，没有采纳金兀术提出的建议。另一个被推荐的傀儡人选是折可求。折可求是西北名将世家之后，一直与西夏作战，任宋朝的麟州路宣抚使。天会六年（1128）二月，他"以麟、府、丰三州"投降金朝。麟州在今陕西神木县，府

---

① 《金史》卷77，《挞懒传》，中华书局校点本，第1764页。

② 《宋史》卷475，《杜充传》，中华书局校点本，第13811页。

州为今陕西府谷县，丰州在今府谷县西北。折可求既为名将，又有功于金国，已具备可以考虑的傀儡的人选的条件，不过由于金军将领中的内部分歧，折可求没有被通过，最后确定以刘豫作为金朝的第二个傀儡政权的皇帝。刘豫被选中，与金将挞懒的举荐有很大的关系，虽然最后的决定是粘罕（宗翰）作出的。因为当时在伐宋的将领中，粘罕是左副元帅，地位最高，宗辅、挞懒、金兀术都位于其次，一切军前大事，都是由粘罕说了算。

金国一而再，再而三地扶植宋朝官员当傀儡皇帝，其原因何在？女真人是北方人，对于中原地区和江南炎热、潮湿的气候很不适应，他们已长期适应了北方寒冷的气候。南方人怕冷，北方人怕热，至今仍是如此，这就是俗称的"一方水土养一方人"。金兀术从江南回来以后，曾说过"江南卑湿"之言，不愿意再到江南征战，即可以说明许多问题。另一方面，宋朝的官军虽然缺乏战斗力，往往是不堪一击，望风而逃。可是，人民群众自发的抗击，却使金军受到很大骚扰，民众是在暗处，他们采取打了就跑的游击战术，使金军防不胜防。如果扶植汉族人的傀儡政权，金国的女真人就不必到中原到南方，通过傀儡政权进行代理统治，岂不更好。金军将领多次公开表示，他们南下中原讨伐宋朝，并不是贪图这里的土地，应当是属于真实的思想。

二 刘豫降金

刘豫，字彦游，景州阜城人。北宋的景州，即今河北东光县。景州下辖五县，阜城县为其中之一，今仍其名，为衡水市属县。在"绍兴和议"以后，景州阜城县沦为金国的领土。据《金史》记载，刘豫的祖坟，在阜城县城南十二里。刘豫被册封为大齐皇帝以后，曾建元阜昌，这个年号之得名显然与其祖籍有关。刘豫建元阜昌，证明他对阜城县有留恋之情，可以耀祖扬宗。

刘豫的祖先世代务农，不过比较富裕，属于农耕之家。他生于宋神宗元丰四年（1081），少年时代勤奋读书，于宋哲宗元符年间（1098—1100）登进士第，当时他还不到20岁。最初他在郡县中担任小官，后来被召到朝廷中任殿中侍御史。宋徽宗宣和（1119—1125）末年，曾"仕为河北西路提刑"，不久又调任两浙察访，途中其妻翟氏病故，父亲病重，他又返回了阜城老家。当时正是金军二次南下、社会动荡不安之时，刘豫一直在家中赋闲，他不敢出来做官。

宋高宗即位以后，很快就逃跑到了扬州。当时，许多官员或战死，或降金，宋朝官员缺乏。这时，与刘豫在河朔一起共过事的张悫，在朝廷担任枢密使兼中书侍郎，他们都向宋高宗推荐说刘豫有才，可以胜任一郡之长。其时，济南太守张悦因故迟迟没有去上任，济南缺长官，拟由刘豫去知济南府。在金军南下以后，济南府境内社会动荡不安，盗贼横行，刘豫对此十分清楚，认为这不是一个好差使。他提出最好派他到社会比较安定的江南做官，但是被朝廷所拒绝。刘豫对这种安排耿耿于怀，其愤怒无法发泄，决心投降金国。

在金兀术南下江南之际，其堂叔父挞懒已升为元帅左监军，受命"徇地山东"。他出兵攻占了密州（今诸城）、单州（今单县）、钜鹿（今河北巨鹿县）、临清（今临清）、清平（今清平）、赵州（今河北赵县）等地，使济南处于孤立无援状态。这时，挞懒派人到刘豫那里劝降，给他讲明了利与害。刘豫本来就不愿意给宋朝卖命，对宋朝安排他知济南府有怨气，正好挞懒派人来劝降，正合他的心意。于是，刘豫杀死了抗金最力的大将关胜，准备率全城的百姓投降金国。然而济南城的百姓却不愿意投降金国，刘豫只好垂城而出（即将绳固定墙上，顺绳而下），投降了挞懒。挞懒任命刘豫为京东、京西、淮南安抚使，知东平府兼诸路马步军都总管，节制河外（古以黄河以南为河外），又任命其子刘麟知济南府。挞懒虽然任命刘豫为官，不过对他还很不放心，"挞懒屯兵冲要，以镇抚之"。①

刘豫投降金国以后，为了向金国邀功，又千方百计劝说其他的宋朝官员投降金国。他曾多次派人去游说东京副留守上官悟，并贿赂其身边的乔思恭，共同劝说上官悟降金。上官悟认为刘豫叛国投敌是大逆不道，把刘豫派去的游说者全部杀掉。刘豫又派人去游说楚州（今江苏淮安市）知州赵立，要他投降金国，赵立把刘豫派来的人杀掉。刘豫仍不死心，又派赵立的朋友刘偲去引诱，又被杀掉。刘豫知道金国要把宋朝赵氏宗室全部捉到，以绝后患，于是他到处搜索赵氏宗室，承务郎阎琦由于藏匿赵姓宗室，被刘豫"杖死"。由此可知，刘豫与张邦昌有所不同，他是死心塌地为金国效力。

---

① 《金史》卷77，《刘豫传》，中华书局校点本，第1759页。

三 金太宗册立刘豫

刘豫很想当傀儡皇帝，不过他同粘罕并无直接往来，只好以重金贿赂挞懒，要他出面推荐。张汇《金虏节要》记载说："金人自陷山东，挞懒久居滨、潍，刘豫以相近奉之，尤喜。挞懒曾有许（刘）豫僭逆之意。"[1]粘罕的心腹、西京留守高庆裔听到这个消息以后，马上告诉了粘罕。挞懒是粘罕的堂叔，身份很高，在金太宗面前很有影响力。重立傀儡政权，是金太宗的旨意。为了把扶植刘豫的功劳抢到手，高庆裔给粘罕出了许多主意，为粘罕所接受。于是，粘罕派高庆裔前去活动。高庆裔离开云中（今大同），经燕山（今北京）、河间（今仍其名），到达了刘豫的老家景州（今东光）。他在景州会见了当地的官民，"谕以求贤建国之意"。与会的人不了解高庆裔的意图，都吓得不敢讲话，纷纷表示不知本地有什么贤人可立。高庆裔透露说，本郡的刘豫便是贤人。景州的官吏和民众，都惧于高庆裔的权势，谁也不敢提出异议，都表示赞同。于是高庆裔令景州"列状举之"，就是撰写出推举状文，以示其真实可信。后来，高庆裔又到了德州（今德州将陵县）、博州（今聊城县）和东平（今仍其名），也采用同样的办法，炮制出许多推举刘豫的文状。

高庆裔携带这些推举状回到了云中，向粘罕出示了这些推举状，以证明各州郡"共戴刘豫之意"。由于在此以前，有过刘锜、张邦昌拒绝推荐之前例，故此粘罕要高庆裔携带这些推举状去济南，同刘豫说明情况，听取他本人

---

① 《三朝北盟会编》卷141，炎兴下帙四十一，上海古籍出版社缩印本，第1027页下栏。

的意见。对于刘豫而言，这是他求之不得的夙愿，不过刘豫却假惺惺地提出，前知太原府张孝纯更为合适一些。粘罕表示，既然有那么多的州郡举荐，刘豫甚得人心，就选刘豫作为对象吧。不过此事关系重大，不是粘罕所能决定的。于是粘罕派元帅右监军兀室（即完颜希尹）赶快回到上京，向金太宗作如实的报告，得到了金太宗的批准。由此可知，要刘豫当傀儡皇帝，最初是挞懒提出的，后来则是由高庆裔一手精心策划的结果，粘罕在此事上反而占了先。这是一场典型的盗用民意的丑剧，却为后世许多政治野心家所模仿、采用，屡见不鲜。

建炎四年（1130）七月二十七日，金国派高庆裔、韩昉为皇帝的使节，册立刘豫为大齐皇帝，以大名府（今仍其名）为都城。册文见载于《三朝北盟会编》卷141，又见于《大金国志》卷32，以前者的文字比较准确。册文是由高庆裔撰写，用金太宗的口气，讲述了册立刘豫的原委和目的。

金太宗在册文中指出，赵氏宋朝多次背盟"阴起事端"，使金国不得不多次派兵南下，"诘兹败类"。金太宗称："朕公于御物，不以天下为己私；职在牧民，乃知王者为通器。"金国虽然占领了中原地区，却"无并尔疆，以示不贪之德"，故而"建楚新封，守宋旧服，庶能为国，当共息民"。从金太宗的上述表白中不难看出，金国扶植张邦昌、刘豫傀儡政权的目的，是代替金国来统治中原地区，与中原政权实行的"以夷制夷"政策是一致的。

金太宗在册文中指出，张邦昌是一名"懦夫"，"难胜重任"。希望刘豫能以此为鉴，妥善治理中原，"罢无名之征，捐不急之务，征隐逸，举孝廉，振纪纲，修制度，省刑罚而去烦酷，发仓廪而息蟊螣，神人以和，上下协应"。构建一个上下相安的太平盛世。能够实现这个目标，便可以减少金国的后顾之忧。

金太宗在册文中指明了刘豫政权的性质和地位。"国号大齐，都于大名府。世修子礼，永贡虔诚。付尔封疆，并以楚旧。更须安集，自相修居。尔其上体天心，下从人欲，忠以藩王，室信以保邦圻。"[①]这就是说金朝明确规定了

---

① 《三朝北盟会编》卷141，炎兴下帙四十一，上海古籍出版社缩印本，第1026页下栏。

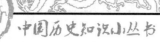

刘豫的傀儡政权名叫大齐，以大名府为都城，其统治的地域与张邦昌相同。即黄河以南的中原地区。刘豫是金太宗的儿皇帝（世修子礼），大齐政权是金国的藩属（忠以藩王）。

册立刘豫的玉册，共66方。每方刻字两行，文字阴刻，字内填金。可知金国对册立刘豫一事相当重视。刘豫册立之初，"奉金正朔，称天会八年"。所谓正朔是指历法、年号而言，通常每一独立的国家，都要有自己的历法和年号，特别是年号更为重要。刘豫的大齐使用金国的天会年号（金太宗的年号），足以证明它不是一个独立的政权。次年（1131），始以阜昌为年号，改天会九年为阜昌元年。

刘豫被册立以后，立刻封其母翟氏为皇太后，封其妾钱氏为皇后。钱氏"宣和间为御侍，出宫后为贼所掠，卖身与豫，为针线婢，故宫庭事，豫皆取法于钱"。[①]钱氏于宋徽宗朝做过宫女，对宫廷之事比较熟悉，刘豫封钱氏为皇后，便于建立后宫制度，极力效仿宋朝宫廷旧制，以满足刘豫之欲。

① 《大金国志》卷31，《齐国刘豫录》，中华书局校正本，第442页。

四 刘豫盗墓

俗语说：一人得道，鸡犬升天。这句话对刘豫而言，是最恰当不过了。史称："（刘）豫生景州，守济南，节制东平，僭位大名，遂起四郡强壮为云从子弟。"①所谓"云从子弟"，也就等于是刘豫的子弟，加以笼络，作为他的亲信。又从上述州郡选三卫官，三卫即翼卫、勋卫、亲卫，作为他的保镖，"二年升一等"，予以特殊的待遇。以他的儿子刘麟提领诸路兵马，兼知济南府，以其弟刘益为大名府留守。其余的文武百官，如丞相张孝纯、左丞李孝扬、右丞张柬、监察御史李俦、工部侍郎郑亿年、开封府留守王琼等，都是宋朝的旧官，有的是叛宋归金，有的是被金朝所俘虏的官员（如张孝纯）。虽然刘豫设置百官，有如一朝的皇帝，不过一般的黎民百姓，却知道他的底细，对其变节投敌的行为十分鄙视。有人骂刘豫说："你是何人？要作官家？大宋何负于尔？"宋朝的韩肖胄、胡松年因公使齐，刘豫提出要以皇帝的身份召见他们，被拒绝。胡松年说，我们（包括刘豫在内）都是宋朝的大臣，"遂长揖不拜，豫不能屈"。②可知宋朝的官员，并没有把刘豫看做是什么皇帝。

金朝册文明确规定，刘豫的大齐以大名府为都城。不过刘豫认为，大名府虽是宋朝的北京，然而并不是首都，规模狭小，城市也不够繁荣。因此，阜昌三年（宋绍兴二年，1132）四月，迁都到汴京开封。将宋朝的太庙改为自己的太庙，尊其祖父为徽祖毅文皇帝，尊其父亲为衍祖睿仁皇帝，并巡视城郊的

---

① 《大金国志》卷31，《齐国刘豫录》，中华书局校正本，第434页。
② 《宋史》卷475，《刘豫传》，中华书局校点本，第13797、13795页。

祭天场所。不巧这一天"暴风卷旗，屋瓦皆震，士民大恐"。按照旧说，这是上天震怒，对刘豫发出的警告和惩罚。

西京洛阳有士兵出售玉碗，刘豫见到以后断定不是民间用物，应出自前朝陵墓之中。于是，刘豫任命刘从善为河南淘沙官，又任命谷俊为汴京淘沙官，专门从事古代陵墓的盗掘。洛阳在宋代称西京河南府，开封在宋代称东京（又称汴京），都是我国古代的著名都城。东周、东汉、隋、唐都以洛阳为东都，开封是战国时代魏国都城（称大梁），在五代时期梁、晋、汉、周均建都于此。因此，洛阳、开封附近古代的帝王陵和贵族墓非常多，北宋时的皇陵在开封附近的巩县。淘沙本是指从沙中淘金而言，盗掘前代陵墓是一种极不道德的犯罪行为，故而刘豫将盗墓改称淘沙，以避人耳目。刘豫提出，对前人已经盗掘的陵墓也不能放过，以拾其残余，特别于棺中用于防腐的水银（汞），尽量都拾取出来。在宋金战争中有许多官宦地主豪门走死逃亡，很多人逃到了江南。刘豫提出这些无主的坟墓和窖藏，也要进行盗掘。盗掘古墓本是个别人的犯罪行为，而由官府出面公开盗掘前代的陵墓，却极其罕见。从某种意义上讲，刘豫变成了空前绝后的盗墓贼，从古墓和窖藏中，他获得了大量的金、银、珠宝，在刘豫被废黜以后，这些不义之财全部被金国所没收，刘豫变成了过路财神，只是为渊驱鱼而已。

刘豫的倒行逆施，为许多身临异国他乡的士人所深恶痛绝。洪皓作为宋朝的使节，被金国拘留甚久，粘罕知其有才，劝他到刘豫伪齐做官，洪皓坚决不从，后来被流放到冷山（今吉林舒兰县与黑龙江五常县之间山区）。处士尹惇听说刘豫要召他做官，他马上逃入山谷间藏匿，后来逃入蜀中（即今四川）。沧州进士邢希载，以书信告诉刘豫，要他通好宋朝，以不忘旧邦，结果被刘豫杀死。宋朝宰相吕颐浩通过信使宋汝为"勉（刘）豫忠义"，刘豫却厚颜无耻地回答说："独不见张邦昌乎?业已然，尚何言哉?"刘豫不知悔改，与张邦昌迥然不同，是彻头彻尾的傀儡。

五 刘豫的"混一六合"

　　金国扶植刘豫傀儡政权的本意，是要刘豫大齐统治旧黄河以南地区，即史书中所称的中原，不是叫他渡过长江去讨伐南宋，统一江南。旧黄河以北（史书称两河地区）属于金国的直接占领区，更不要刘豫过问。"金人既立（刘）豫，以旧河为界，恐两河民之陷没者逃归，下令大索，或转鬻诸国，或系送云中，实防（刘）豫也。"①

　　刘豫野心勃勃，竟以吞并江南为己任，扬言要"混一六合"。六合是指上下和东西南北，喻指天下、宇宙。刘豫提出的"混一六合"，当然不包括金国和西夏，系指占领江南、吞并南宋而言。他认为宋朝屡经战争破坏，元气大伤，可以不费吹灰之力即可以打败南宋，"混一六合"。

　　为达到此目的，刘豫作了许多准备。

　　刘豫把对宋朝文武百官的策反，作为一项重要的活动。他在宿州（今宿县）设置了"招受司"，来诱引宋朝官兵的反叛。刘豫本人是宋朝的反叛官员，他以小人之心，度君子之腹，认为以官爵、金钱为诱饵，可以瓦解宋朝的官兵，使之投降到自己的门下。

　　确实有少数人投降了刘豫，其中最有代表性的是李成。李成是山东流寇，到处抢掠，叛服无常。建炎三年（1129），李成被宋将刘光世打败以后，曾一度接受招安，投降宋朝，被任命为舒（今安徽潜山县）、蕲（今湖北蕲春县）镇抚使，不久李成又叛宋，被宋将张俊打败。李成觉得宋朝不可依靠，别

---

① 《宋史》卷475，《刘豫传》，中华书局校点本，第13797、13795页。

无出路，转而投降了刘豫。还有一个人名叫徐文，驻军于明州（今宁波），"谋欲作乱"，朝廷派朱师闵前去讨伐，徐文只好乘船以海路溃逃，投降了刘豫。刘豫对宋朝官吏的策反、劝降，大多以失败告终。河南镇抚使翟兴屯驻伊阳山，是军事要地。"豫患之，使人招兴，许以王爵。兴焚伪诏，并戮其使。"刘豫派人招降随州李道、邓州李横，"皆不受，执其使以闻"。

刘豫在策反、招降的同时，积极谋划南侵，然而并没达到目的。宋军对金军的抵抗战斗力并不很强大，然而刘豫的军队与金国的军队大不相同，一部分是李成的流寇，另一部分是新招募的乌合之众，缺乏严格的军事训练，远不如韩世忠、张俊、刘光世、岳飞的军队素质好，因此，与宋军一接触往往就吃败仗。

绍兴二年（1132）十二月，宋襄阳镇抚使李横，在杨石大败刘豫之兵，并乘胜攻取了汝州，伪州守彭玘投降。绍兴三年（1133）正月，宋将李横攻破颍顺军，伪守兰和投降。继而李横在长葛又打败了伪齐军。李横又攻打颍昌府（今河南许昌），伪守城者赵弼曾顽抗一阵，最后弃城逃走，李横占领了颍昌府。同年二月，宋将李吉在伊阳台击毙了刘豫部将梁进。九月，宋将吴胜在莲花城大败刘豫之军。

宋将徐文投降刘豫时，曾带去海船60艘、水军4000人，他告诉刘豫说，宋朝两浙沿海无备，很容易攻取。不过刘豫自知伪齐的兵力有限，难以制胜，遂要求金国派兵协同攻宋。金太宗对此事十分慎重，召集许多将领讨论此事，粘罕、希尹认为有困难，不宜答应；只有宗辅态度坚决，提出可以出兵。于是，任命宗辅权左副元帅，挞懒权右副元帅，以金兀术为前锋，调集了渤海、汉军五万人，配合刘豫南下，实际是监视刘豫的军事。宋军对此早有准备，由韩世忠守扬州，刘光世守建康（今南京），张俊作为韩世忠的后援。韩世忠在大仪打败了伪齐军，解元在承州打败了伪齐军，王师晟、张琦在南寿春打败了伪齐军，活捉了知州王靖，岳飞部下牛皋、徐庆在庐州打败了金军，金军退师，伪齐的兵马都总管刘麟，"弃辎重消遁"，宋军大获其胜。

刘豫不甘心失败，绍兴六年（1136）又组织了30万军队，分东、中、西三路南下。刘麟的中路由寿春（今安徽凤台）犯庐州（今合肥），刘猊（刘豫侄）的东路由紫荆山出涡口犯定远（今安徽定远县），孔彦舟的西路由光州（今河南光山县）犯六安（今安徽六安市）。刘猊的东路被韩世忠所阻，又被杨沂中在越家坊和藕塘打败。刘麟的中路听说刘猊败退，大失军心，"拔砦"而走，其士兵"有自书乡贯姓名而缢者"。

刘豫的南下失败，使金国对伪齐的作用丧失了信心，准备废黜刘豫伪齐。"金人闻麟等败，诘豫罪状，始有废豫意矣。"刘豫对此已有所觉察，提出立刘麟为太子，"以观其意"。金国未予同意，提出："徐当遣人咨访河南百姓"以后再说。不久以后，金国正式废黜了刘豫的大齐傀儡政权。

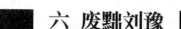

六 废黜刘豫

绍兴七年（1137）十一月，金国正式废黜刘豫的伪齐傀儡政权。为了防止意外，挞懒、金兀术以议事为名将刘麟召至武城（又作成武，今仍其名，在山东菏泽东南）擒之，押往汴京开封。还有一说，刘麟以铁骑二百抵窖、滑之间，来见挞懒，被金军包围数重，擒赴汴都。总之，刘麟是被挞懒擒拿无疑。当时，刘豫正在开封城内讲武殿射箭，金兀术率三骑突然而至，将刘豫挟持到金明池囚禁起来。

第二天，正式宣读了金国废黜刘豫的诏书。略称："建尔一邦，逮兹八稔，尚勒兵戎，安用国为？宁负尔君，无兹民患，已降帝号，别膺王封。咎有所归，余皆罔治。"①由此诏书可以看出，刘豫被废黜的主要罪状是穷兵黩武，不会治理国家，搞得民不聊生，有悖于金国册立的初衷。《金史》称："豫为帝数年，无尺寸功，遂废为蜀王。"②

刘豫被废以后，曾向挞懒诉苦求情。挞懒回答说："刘蜀王、刘蜀王，尔犹不知罪过！独不见赵氏少主出京日，万姓燃顶炼臂，香烟如云雾，号泣之声闻十余里。今废了尔后，京城内无一人为尔烦恼，做人犹自不知罪过。"③挞懒之言值得重视。少帝是指宋钦宗，将宋钦宗与刘豫一比较，挞懒从中看出了刘豫很不得人心。这正是刘豫被废的主要原因。刘豫父子"皆外示节俭，而内为淫佚"。其被废之时，有马4.2万匹，有金120万两，有银6000万两，有钱

① 《三朝北盟会编》卷181，炎兴下帙八十一，上海古籍出版社缩印本，第1307页上栏。
② 《金史》卷77，《挞懒传》，中华书局校点本，第1764页。
③ 《三朝北盟会编》卷181，炎兴下帙八十一，上海古籍出版社缩印本，第1308页上栏。

9870万缗，有绢270万匹，有粮90万石。这是在开封城中所见，"方州不在此数"。刘豫所聚敛的钱财，在八年之中如此巨大，其来路有二。一是对黎民百姓的横征暴敛，"民鬻子者，官以百税"。"割剥百姓，下及倡优，无不日纳官钱。""赋敛烦苛，民不聊生。"二是"淘沙"，即盗掘前代陵墓，以获得金银、珠宝加以变卖聚钱。刘豫之淫逸胜过了宋徽宗。刘豫有官嫔百余人，刘麟有侍婢120人。有的人以献女、献妻得官，有的人以进姐进妹得官。有一个名叫廉公谨的人，以其女献给刘麟，又以"媳妇伴送"。后来刘麟又将此二女献给其父刘豫，于是，刘豫任命廉公谨监管礼料库，这是一个可以从中发财的肥缺。

刘豫被废以后，先降为蜀王，后封为曹王。其父子二人被押至燕京，囚于柏王寺。后来被迁移到临潢（今内蒙古巴林左旗），赐田若干，令其自行耕种以自给。绍兴十三年六月，刘豫死于临潢，活了65岁。

刘豫被废黜以后，金国的元帅左监军撒离曷曾提出由折可求代替刘豫，重建一个傀儡政权。后来由于挞懒要把中原退还给宋朝，担心折可求有奢望之心，只好用药酒将折可求毒死。如果金国不把中原退还给宋朝，再扶植一个傀儡政权，折可求很可能成为傀儡皇帝。金国一再扶植中原傀儡政权，很清楚地表明金国不愿意直接统治中原地区。

当刘豫初册立之时，有许多人去依附刘豫。有人作诗说："浓磨一铤两铤墨，画出千年万年树。误得百鸟尽飞去，踏枝不着空自飞。"讥讽伪齐政权不会长久，后来的事实证明了刘豫大齐确实是短命的傀儡政权，前后只有八年。可知作诗的人，很有政治远见。历史上的傀儡政权，没有一个能够长久存在下去。

第十四章

金兀术血战陕西

一 富平之战

金朝是以武立国，因此，金初的宗室贵族子弟都参与了征辽伐宋的战争。金兀术自然也不例外。金兀术在征辽战争中初露头角，并不是主要的人物，因此，有关这段历史的记载很少。在伐宋战争中，他先后在宗望、宗辅帐下为将，参与了伐宋战争的全过程。在渡江追袭宋高宗的战争中，金兀术已成为指挥金军的统帅，表现了他的统帅才能。金兀术已由一名普通的战将，升为元帅右都监。受钱彩《说岳全传》的影响，人们对金兀术的这段历史耳熟能详。不过这只是金兀术军事活动的一部分，此外，他还在西北地区的永兴军路（今陕西大部、宁夏南部）和秦凤路、今甘肃东部、青海小部、与宋军浴血战斗。上述地区与当时的西夏接壤，宋朝经常与西夏战争，培养出一大批军事将领，种师道、种师中、吴玠、吴璘、张俊、曲端、韩世忠、折可求、刘延庆、刘光世等等，都是西北地区人。

靖康元年（1126）秋天，金军二下中原之际，宗翰亲率大军直奔开封城而来，别遣娄室去攻取陕西之地。娄室之军势如破竹，大败宋将范致虚军，攻克了同州（今大荔县北）、华州（今华县）、京兆府（今西安市）、凤翔府（今凤翔县）。娄室部将斡鲁打败了宋将刘光烈，占领了冯翊（今大荔县）。蒲察攻克了丹州（今宜川县）、临真（今延川县南），占领了延安府（今延安），绥德郡（今绥德县）、静边、怀远等十六个城寨向金军投降。"宋安抚使折可求以麟、府、丰三州及堡寨九，降于娄室。"鄜州（今富县）、坊州（今黄陵县）、晋宁军（今佳县），也先后向金军投降。这样，渭河以北的陕北地区，几乎全部为金军占领。娄室据守延安，降将折可求屯守绥德，蒲察屯守蒲州（今蒲城县）。①

金兀术从江南追袭宋高宗回到江北以后，驻兵于淮南西路。宋代的淮南西路辖境，为今安徽西部、湖北东北部、河南东南部，当时属于富裕地区。金兀术在淮南西路整兵休息，养精蓄锐，别有所图。宋朝的知枢密院事张俊认为，金兀术长期驻军于此，遇有机会可能还要渡江南侵。最好的办法是在陕西用兵，使金兀术离开淮南西路，这是调虎离山之计，得到了宋高宗的准许。于是，建炎四年（1130）宋高宗任命张俊为川、陕宣抚处置使，陕西的军事将领统由张俊节制。他置幕府于秦州（今天水），"合五路之师以复永兴（军路）"。所谓五路，系指秦奉路、鄜延路、环庆路、泾原路、熙河路，当时又称秦川五路。

张俊的调虎离山之计果然不错。金国听到张俊要调集五路大军收复永兴军路的消息以后，有些惊慌失措。因为长期主持陕西军务的娄室，这时由于长期的战争劳累已生病，新派来的右副元帅宗辅，虽然地位高于娄室，但是对陕西的宋军和地理环境尚不熟悉，而且金军的数量要比宋军少得多。因此，宗辅"急调兀术等由京西入援"。

当时，张俊所调集的陕西五路（《三朝北盟会编》又作六路）兵马，共有士兵20万人、战马7万匹，在数量上远胜金军。后勤供应相当充足，"金银、钱帛、粮食如山积"。由于兵多粮足，张俊产生了轻敌的心理，认为"兵马一集，可一扫金人尽净"，甚至由此"便可以径入幽燕"。长期在陕西与金兵作战的曲端以及郭弈等人，提出轻敌必败，但是却不为张俊采纳。曲端和张俊曾以人头赌胜负。当时，金军主力集结于大封县，距富平80里，娄室则驻于绥德军，距富平百余里。有人提出，应当集中兵力主动出击，为张俊所拒绝。张俊认为："夫战者，当投战书，约日会战。"于是，派人数次向娄室下战书，娄室自知兵力不足，要等候金兀术援军到来，故迟迟未能应战。为了激怒娄室应战，张俊发榜告说："有能生致娄室孛堇者，虽白衣亦授节度使，赏银、绢皆万计。"娄室自绥德来富平，与宋军对垒，榜示其军说："有能生致

---

① 《金史》卷72，《娄室传》，中华书局校点本，第1652页。

张俊者，赏驴一头、布一匹。"①

张俊约金军在富平会战，是因为宋军防线之前有大面积的苇泽，不利于金军骑兵的冲锋，旁边还有高阜，也可以屯兵。吴玠提出，应当赶快占领高阜的有利地形，然而张俊等人却认为："我师数倍（于敌），又前临苇泽，非骑兵所宜，不听。"娄室到来以后，却登上高山以望宋军，他说："人虽多，营壁不固，千疮万孔，极易破耳。"②

这时，金兀术的援军已到达富平。金军的部署分左、右两翼，左翼（东侧）为金兀术的援军，右翼（西侧）是娄室率领的金军。娄室看到宋军利用苇泽来陷金兵，便令折合（人名）率领3000轻骑，携带茅草、泥土在苇泽中铺出一条道路，以利骑兵通过冲击宋军。娄室的右翼军，在过了苇泽以后直接冲击吴玠的兵营，吴玠没有想到金军突如其来，仓促应战，结果所率的部队"大溃"。

金兀术所统率的左翼军，却为宋军所包围，无法施展。史称："宗弼陷重围中，韩常流矢中目，怒拔其矢，血淋漓，以土塞创，跃马奋呼搏战，遂解围，与宗弼俱出。"③宋泾原军帅刘锜，率领士兵冲入金军阵地，杀伤金兵甚多。环庆路军帅赵哲，在战斗打响以后，由于胆怯畏敌，竟然"擅离所部"，对部下的士气产生了很大的影响，"将校望见尘起，惊遁，诸军皆溃"。由娄室率领的右翼军，乘胜追击，大获全胜。史称："娄室以右翼力战，军势复振，张俊军遂败。"张俊调集的各种军用物资，全部为金军所得。"金人得胜不追，所获珍宝、钱帛如山积，不可计。"郭弈做诗记其事说：

娄室大王传语张老，谢得送到粮草，斗秤不留一件，怎生见得多少！④

张俊由于轻敌之故，富平之战遭到惨败。"浚自愧轻举无功，乃归罪赵

---

① 《三朝北盟会编》卷142，炎兴下帙四十二，上海古籍出版社缩印本，第1034页上栏、下栏。
② 同上书，第1034页下栏。
③ 《金史》卷77，《宗弼传》，中华书局校点本，第1753页。
④ 《三朝北盟会编》卷142，炎兴下帙四十二，上海古籍出版社缩印本，第1035页上栏。

哲"，将赵哲处死。战前反对张俊轻敌的曲端，也被张俊投入狱中害死，年仅41岁。

富平之战，宋军多、金兵少，金军反而以少胜多，取得大胜，有许多原因。其一是张俊轻敌，认为金军可以一扫而光。当时，军中的幹办公事郭弈就讥讽说："不知是怎的一扫，用笤帚扫为，复用扫帚扫？"吴玠提出要占领高阜有利地形，也未被采纳。其二是娄室用茅草、泥土在苇泽中铺出一条道路以过骑兵，完全是出乎宋军意料，使宋军由主动变被动。其三是宋军松懈、缺乏战斗力。赵哲身为军帅，却逃离阵地，引起士兵溃退。而金将类室是带病上阵杀敌，韩常眼目中箭以后，竟拔箭上马拼杀。战后宗辅嘉奖说："力疾鏖战，以徇王事，遂破巨敌，虽古名将何以加也。"①并以犀、玉、金、银器、甲胄、良马赏给娄室。富平之战结束不久，娄室即因战斗加重了病情而死亡。从上述的兵力一多一少，战将的一奖一罚，可以看出许多问题。

---

① 《金史》卷72，《娄室传》，中华书局校点本，第1652页。

二 和尚原之战、饶风关之战

金军占领陕西的目的，一是利用当地的物质资源装备金军，二是以陕西为跳板，来进攻四川，占领"天府之国"。

在陕西和四川之间，横亘着高大的秦岭，自古以来便是四川与陕西之间的天然屏障。在古代要越过秦岭相当困难，故李白说"蜀道难，难于上青天"。只有沿嘉陵江上游（宋代称固道水）河谷可通行人。为了防备金军南入四川，宋朝在河谷中的大散关、仙人关、白水关、阳平关驻有重兵，修有关寨。吴玠、吴璘就是以戍守上述关隘，阻止金军南下四川，作为主要任务。

在富平之战宋军失利以后，吴玠赶紧率领所部退保大散关以东的和尚原。在黄土高原地区，由于水土流失严重，形成了峁、柱、坪、桥、梁、墚、塬等特殊的地貌。塬又称原，即黄土平台，范围不大的黄土台地。和尚原在今宝鸡县（宋代称凤翔府）境内，陈仓山之南，大散关之东，地势较为平坦，适于驻军。吴玠退到和尚原以后，立即"积粟缮兵，列栅为死守计"，防止金军南下。有人劝他退守汉中（今仍其名，宋代为兴元府治），汉中不是金军入蜀的必经之地。因此，吴玠拒绝了此建议，他说："我保此，敌决不敢越我而进，坚壁临之，彼惧我蹑其后，是所以保蜀也。"[1]可知吴玠是把个人安危置之度外，而把保护四川不受金人侵扰放在第一位。

绍兴元年（1131）九月，金将没立（人名）出凤翔（今宝鸡），别将乌鲁折合出阶州（今武都县）、成州（今成县），过大散关，约定会于和尚原，

---

[1] 《宋史》卷366，《吴玠传》，中华书局校点本，第11410页。

乌鲁折合率领的金军，在进入山谷以后，由于"山谷多石，马不能行，金人舍马步战"，结果为吴玠的宋兵大败，只好逃遁。没立率领的金军，"方攻箭害关，玠复遣将击退之"。于是金军两支部队会合的计划，化为泡影。

在没立和乌鲁折合的金兵被吴玠大败以后，同年十月，金兀术率领的10万大军，通过浮桥渡过了渭水，在宝鸡集结，"结连珠寨，垒石为城"，以山涧为界，与宋军相对阵。然后集中兵力南下，攻和尚原。吴玠早有准备，"玠命诸将选劲弓强弩，分番迭射，号'驻队矢'，连发不绝，繁如雨注"。金兵有些坚持不住了，开始退却，吴玠命其部下从旁侧进行袭击，绝其粮道，又设伏兵于神岔（小地名），"金兵至，伏发，众大乱，纵兵夜击，大败之"。在前线指挥作战的金兀术，也被宋军的流矢射中身体，"仅以身免，亟剔其须髯遁归"。① 金兀术被打败以后，由陕西经河东（今山西）回到燕山（今北京）养伤去了，整个陕西的军务，交给撒离曷指挥管理。这时，娄室已病死，撒离曷成为陕西金军的最高长官，他仍屯驻在凤翔府（今宝鸡市），与吴玠相对峙，等待机会南下四川。

绍兴二年（1132），撒离曷主动进攻兴元府（今汉中），其目的仍是要南下四川。史载："金久窥蜀，以吴璘驻兵和尚原扼其冲，不得逞，将出奇取之。"当时，吴玠驻兵河池（今徽县），在仙人关、白水关之北，金军从凤翔府（今宝鸡）南下四川之路，被吴玠所扼守，于是想出一个奇计，就是绕过仙人关、白水关，从东侧先攻取兴元府（今汉中），然后沿汉水西行，可以到达阳平关（又称三泉），阳平关在白水关、仙人关之南，可以避开吴玠的堵截。金军偷偷地自上於（今商州境内）取上津、金州（今安康），经洋州便可到达兴元府。兴元府守臣刘子羽一方面派田晟守饶风关（在洋州东），另一方面急招吴玠前来增援。

吴玠得知此消息，以一日一夜300里的急行军赶到饶风关，这使金军撒离曷感到意外吃惊。吴玠兵在山上，以弓箭和滚木檑石杀伤了许多金兵，金兵"死者山积而敌不退"，经过六昼夜的战斗，金军仍无法攻克山上吴玠的阵

---

① 《宋史》卷361，《张俊传》，中华书局校点本，第11301页。

地。这时，吴玠手下一名小校因罪投奔金军，引导金军沿祖溪转到吴玠阵地的背后，突然发起攻击，吴玠未做此防备，腹背受敌，只好退到西县（今勉县），刘子羽则退到阳平关（三泉），"筑潭毒山以自固"，后来吴玠会兵于此，共同戍守阳平关。吴玠虽然失守饶风关，却在阳平关扼守，阻止了金军南下四川，撒离喝偷袭四川的计划未能实现。在金兵退师之际，吴玠在武休关掩杀，金军"堕涧死者以千计，尽弃辎重去"。史称："金人始谋，本谓玠在西边，故道险东来，不虞玠驰至。虽入三郡，而失不偿得。"[①]宋朝廷得知以后，为吴玠加官晋爵。

①　《宋史》卷125，《吴玠传》，中华书局校点本，第11411页。

三 仙人关之战

绍兴四年（1134）初，金兀术从燕山府回到陕西，仍在谋划南下四川。此次金军攻打的重点是仙人关。仙人关在大散关之南，是南下四川的必经之地。如果攻克了仙人关，宋军便会处于被动地位，动摇将士的军心，其影响非同一般。吴玠对此早有准备。

吴璘原来驻守和尚原，以扼守大散关。和尚原虽然很重要，但是，远离四川，粮饷供应相当困难。于是，吴玠要求吴璘放弃和尚原，"经营仙人关右杀金平"。吴璘退师仙人关以后，在杀金平修建了一个很大的营垒，作为防御金人南侵的防线。后来，吴璘又提出建议，"谓杀金平地阔远，前阵散漫，须后阵阻隘，然后可以必胜"。吴玠认为这个建议很好，立刻修筑了第二道防线。

杀金平的两道防线营垒刚刚修筑完毕，金兀术和撒离喝、刘夔所统率的10万骑兵即来攻打。金军避开正路，从"铁山凿岸，循岭东下"。吴玠率领万人正面迎击，吴璘以阶州（今武都县）率兵来援，与吴玠之兵会与仙人关，兵合一处。金兵首先攻打仙人关的第一道防线，吴玠给以重创。金军以云梯攻打堡垒，吴玠部下杨政用撞杆击碎了云梯，又以长矛刺杀云梯上的金兵。吴璘以军刀画地，对诸将发令说："死则死此，退者斩！"金军初战不利，便分兵为二，金兀术阵于东，韩常阵于西，将吴璘的部队夹在中间。吴璘的部队"左萦右绕，随机而发。战久，璘军少惫，急屯第二隘"。这时，金兀术增派后续部队冲上去，"人被重铠，铁钩相连，鱼贯而上"。吴璘下令以"驻队矢"进行射击，"矢下如雨，死者层积"，不过金兵数量太多，他们踩着尸体，如蚁群

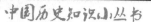

般地登上了宋军的阵地，撒离曷高兴地说：我已占领了宋军的阵地！第二天、第三天的战斗更加激烈，金军攻打西北城楼，宋将姚仲登楼酣战，楼倾斜欲倒，马上以棉帛为绳，"挽之复正"。金兵以火攻城楼，姚仲以酒缸扑灭。吴玠派统领田晟以长刀大斧左右砍击，喊杀声惊天动地。统领王喜、主武率领敢死队，手持紫色、白色战旗冲入金兵大营，金军阵势大乱。宋军用弓箭射伤韩常的左眼。金兵伤亡惨重，只好逃出战场。[1]在归途中，金军又遭到宋军张彦、王俊的截击，金军损失惨重，退兵到凤翔府（今宝鸡）。不久，宋军乘胜收复了凤州（今凤县）、秦州（今天水）、陇州（今陇县）。

仙人关大捷，是吴玠、吴璘勇敢奋战的结果，由于事先构筑了两道防线，能以少胜多，打败了金兀术统率的10万大军。因此，战后吴玠被拜为检校少师、奉宁保宁军节度使。吴璘由防御使升为定国军承宣使，杨政以下将领均有升迁。仙人关大捷，充分显示了西北军人的战斗力，提高了宋朝官兵可以打败金军的信心。作为金军统帅的金兀术，也对宋军将士的战斗力有了新的认识，改变了宋军不堪一击的想法，这对于后来金兀术同意"绍兴和议"，产生了深远的影响。

吴玠、吴璘之所以能够战胜金军，是因为他们在长期的军事生活中，对金军、宋军的长处、短处有清楚的了解和认识。吴璘说："金人弓矢，不若中国之劲利；中国士卒，不及金人之坚耐。"[2]所谓金军士卒坚耐，是指其坚忍不拔、吃苦耐劳而言，这正是宋朝士兵的不足。他称赞说，金国的士兵"忍耐坚久，令酷而下必死，每战非累日不决，胜不遽追，败不至乱。盖自昔用兵所未曾见，与之角逐滋久，乃得其情"。因此，要打败金军，必须"选据形便，出锐卒更迭挠之，与之为无穷，使不得休暇，以沮其坚忍之势"。吴玠、吴璘对敌我之优势、劣势都有清楚的认识，这是他能够打败金军的主要原因。孙子说，知彼知己，百战不殆。吴玠、吴璘正是如此。在宋朝诸多将领中，有如吴玠、吴璘者并不多见。

吴璘著有《兵法》二篇，略谓："金人有四长，我有四短，当反我之

---

[1] 《宋史》卷125，《吴玠传》，中华书局校点本，第11412页。

[2] 同上书，第11413页。

短，制彼之长。四长曰骑兵，曰坚忍，曰重甲，曰弓矢。吾集蕃汉之长，兼收而并用之，以分队制其骑兵；以番休迭战制其坚忍；制其重甲，则劲弓强弩；制其弓矢，则以远克近，以强制弱。布阵之法，则以步军为阵心，左右翼以马军为左右肋，拒马布两肋之间；至帖拨增损之不同，则系乎临机。"①吴璘不仅是一员猛将，还是一名军事家。他所讲述的如何克服敌人的长处，是很有科学道理的，从武器的使用到布阵的方法，都极为精辟。到了实践之际，必须机动灵活，此即他所称的帖拨增损，"则系乎临机"。

---

① 《宋史》卷125，《吴璘传》，中华书局校点本，第11420页。

金兀术从战到和

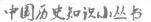

金兀术从青少年时代，即投身于征辽伐宋的战争，历经百战，屡建战功，金人、宋人都为之钦服。投降金国的宋将郦琼，曾对其同僚谈了一段话语："琼曾从大军南伐，每见元帅国王（按：指金兀术）亲临阵督战，矢石交集，而王免胄，指麾三军，意气自若，用兵制胜，皆与孙、吴合，可谓命世雄才矣。至于亲冒锋镝，进不避难，将士视之，孰敢爱死乎。宜其所向无前，日辟国千里也。"不过，金兀术到了晚年，却弃战言和，与宋朝签订了"绍兴和议"。金兀术的转变有许多原因，既是金国、宋朝政治形势的变化所定，又与他的长期战争经历、体验、认识密切相关。

一 宋高宗自贬其号

宋高宗在建炎三年（1129）逃跑到江南以后，深知金国军事强大，自己的皇帝宝座可能不会持久，于是接二连三地给金国皇帝吴乞买和左副元帅粘罕写信，表示"愿削去旧号，是天地之间皆大金之国，而尊无二上，亦何必以劳师远涉而后快哉"。①所谓"旧号"，是指"大宋皇帝"称号而言。《金史》在说明此事时，有如下的说明："康王以书请存赵氏社稷。先是，康王曾致书元帅府，称'大宋皇帝构致书大金元帅帐前'，致是乃贬去大号，自称'宋康王赵构谨致书元帅阁下'。其四月、七月两书皆然。元帅府答其书，招之使降。"②

赵构不愿意抗金，以屈膝投降来换取赵氏政权的存在，不断派遣使者到金国去通好。其中以王伦的作用最为成功。建炎元年（1127），王伦充大金通

① 《金史》卷74，《宗翰传》，中华书局校点本，第1698页。
② 同上书，第1652页。

问使，朱弁为副使，被金国扣留不返。王伦很了解宋高宗不愿意抗金，希望与金国和谈，以保住他的皇帝宝座。于是，他在金国期间，向乌陵思谋提出了议和的主张。乌陵思谋是粘罕的部下，粘罕得知此事并未加以重视，认为这是他个人的主张，不能代表宋朝皇帝的旨意。为了邀功，王伦灵机一动，便告诉粘罕的元帅府说："使者有指，不然何为来哉。惟元帅察之。"①其意思是说，我是奉皇帝的指示而来，传达皇帝的旨意，不然派我来干什么

绍兴二年（1132），挞懒为元帅左监军，"经略南边，密主和议"，于是把王伦放回，以沟通和议信息。王伦见到了宋高宗，介绍了挞懒议和的想法。宋高宗听了以后"大喜"，不过当时刘豫的伪齐不断对宋用兵，和谈一事只好搁置下来。

绍兴七年（1137），宋徽宗死在五国城，宋高宗派王伦为使节来金国治丧，他又见到了挞懒。他对挞懒说："河南之地，上国既不自有，与其封刘豫，曷若归之赵氏。"②刘豫是根据挞懒的建议册立的，挞懒发现刘豫"不能自立其国，尚勤屯戍，朝廷厌其无能为之，乃废刘豫"。这年的冬天，王伦返还。临行之际，挞懒告诉王伦："好报江南，自今道途无壅，和议可以平达。"③王伦回宋以后，将挞懒议和的态度，向宋高宗如实介绍，宋高宗听了"大喜"，"迁伦官，并官其子弟"，以示奖励。

金国在废黜了刘豫伪齐政权以后，粘罕失去了军权，由挞懒出任左副元帅一职，兼任汴京（开封）留守。这时，金国的皇帝是新继位的金熙宗，挞懒是金太祖、金太宗从父兄弟，属于金熙宗祖父一辈的元老，很受尊重。宋高宗得知此事，赶紧又派王伦到汴京去见挞懒求和议。对于金国而言，这是一件重大的事情，挞懒不能做主，需要经朝廷研究、皇帝同意才能算。于是，绍兴八年挞懒前往京城，去说明原委。

当时，金朝廷最有权力的人是宗盘，女真名蒲鲁虎，他是金太宗吴乞买的长子，具有当皇帝的资格。不过，粘罕、宗辅、宗翰、希尹（宋人称作兀

① 《金史》卷79，《王伦传》，中华书局校点本，第1793页。
② 同上。
③ 《宋史》卷371，《王伦传》，中华书局校点本，第11524页。

室）等人，均不赞成宗盘继位，他们认为宗峻之子合剌"最嫡"，故而被拥立为皇帝，史称金熙宗。宗盘未能当上皇帝，愤愤不平，为了缓和矛盾，只好让宗盘出任尚书令。宗盘为人骄恣、跋扈，金熙宗对他十分敬畏。后来金太祖之子宗隽从东京（今辽阳）入朝，被任命为右丞相。于是，宗盘、宗隽、挞懒三个最有权力的人形成了一个小集团，他们采纳了王伦的请求和挞懒的建议，决定"以河南、陕西与宋，使称臣"。[①]金熙宗对此很慎重，命群臣共同商议，宗隽提出："我以地与宋，宋必德我。"然而多数"宗室大臣言其不可"。宗宪反驳说："我俘宋人父兄（指徽、钦二帝），怨非一日，若复资以土地，是助仇也，何德之有？"宗翰也反对将河南、陕西土地退还宋朝。挞懒之弟完颜勖也极力反对，事后挞懒责备他说：别人尚支持我的意见，你为何反对？完颜勖回答说："苟利国家，岂敢私耶！"[②]由于宗盘、宗隽、挞懒三人地位高，权力大，最后强行通过了将河南、陕西之地退还给宋朝的决定。

金国派中京副留守张通古为诏谕江南使，派金枢密院事萧哲为明威将军，共同到江南宋朝廷去宣布与宋议和，退还河南、陕西二地事宜。

张通古、萧哲本是金国地位比较高的品官，为什么在赴宋时又别加官号呢？这是金国有意所为，意味深长。

张通古的临时官号为"诏谕江南使"。"诏谕"二字只用于皇帝对臣下言事行文。很显然，金国没有把宋朝当成平起平坐的对等国家，而是把它看成是与张邦昌伪楚、刘豫伪齐相同的藩属政权。官号中用"江南"来代替宋朝，其用意也在于此。这就是说，金国没有把宋朝视为独立的国家。外交上的礼仪相当重要，古今皆同。

金国上述做法不是无因的。宋高宗赵构曾多次给金国写信，提出要自动"削去旧号"，自称"宋康王赵构"，不称大宋皇帝。他的这种卑躬屈膝的做法，助长了金国的气焰。金国将宋朝称作"江南"，下"诏谕"给江南，实际上是来源于宋高宗的自贬其号，使宋高宗有苦难言，自认倒霉。

萧哲的临时官号是"明威将军"，按照金国官制，"明威将军"是武散

① 《金史》卷76，《宗盘传》，中华书局校点本，第1730页。

② 《金史》卷77，《完颜勖传》，中华书局校点本，第1764—1765页。

官的官阶，为正五品下。而其实职金枢密院事为正三品，金朝将萧哲降格使用作为副使，清楚地表明了对宋朝的蔑视。宋朝在派使者到金国去时，往往是临时性地提高其官号，以示对金国的尊重。例如建炎元年（1127）王伦出使金国，他本是朝奉郎，却以"假刑部侍郎"的身份，充大金通问使。两相比较，就会知道金国的用意所在了。还有，"明威将军"作为使者的官号，显然是向宋朝炫耀武力。由于"明威将军"属于官阶，宋朝也有"明威将军"，宋朝明知是金国别有用意，却无法提出抗议，听之任之。国强则外交强，国弱则外交弱，古今皆是如此，很少有例外。

二 宋高宗屈己就和

宋高宗对张通古、萧哲来江南的目的，他早已从王伦那里知道了。绍兴八年（1138）十一月，他下诏说："金国遣使入境，欲朕屈己就和，命侍从、台谏详思条奏。"于是许多大臣纷纷上奏宋高宗，认为"屈己就和"不可行，金国的要求是不能接受的。

殿中侍御史张戒上奏说："示弱招侮，理在必然。王伦遽回，虏使遂有江南诏谕使及明威将军之号。不云国而直云江南，示意我太祖待李氏晚年之礼也……礼必不屈，事必不从。臣为朝廷计，上策莫如峻辞举止，其次且勿令遽渡江，先问其官名何意，诏谕何事，礼节事目议定，得其实而后进退之。"①

礼部侍郎曾开上奏说："今女真之于国家，有秦人欺楚之势，而我之待彼也，无越人报吴之心。信其诡谋，侥幸讲和，稽之前古为可忧。考之今事为难信，而朝廷不思有以伐谋方，且忘大辱，甘臣妾，贬称呼，损金帛，以难得之时，为无益之事，可不为恸哭流涕哉？"②

兵部侍郎张焘上奏说："中原之地，彼自知决不能有也，故有此议。又谓彼因废刘豫，人心遂疑惧我乘间恢复土地，故有此议……彼国主厌兵为日久矣，姑务休息，故有此议……今虏一旦尽欲以归于我，亦岂人力之所能为哉。高高在上，必有监此者矣。"③

吏部侍郎魏矼上奏说："倘或轻易从之，屈膝受令，他时反为所制，号

① 《三朝北盟会编》卷185，炎兴下帙八十五，上海古籍出版社缩印本，第1334页下栏。
② 同上书，第1335页下栏。
③ 同上书，第1338页上栏。

令废置，将出其手，一有不从，便生兵隙，予夺在彼，非计之得也，虽使还我空地，如之何而可保？"①

当时上书奏事的大臣，有10余人之多，他们都一致认为，对金国不能屈己求和，不能丧权辱国。枢密院编修官胡铨在奏书中提出，金国使臣以诏谕江南为名，"是欲臣妾我也，是欲刘豫我也。"此事是秦桧重用王伦使金所造成的恶果，秦桧"不能致陛下于唐虞，而欲导陛下为石晋"。因此，秦桧、王伦以及秦桧所提拔重用的孙近，都应当处死，以谢天下。胡铨的奏文影响很大，"市井间喧腾数日不定"，秦桧受此影响，曾"上表待罪"，然而宋高宗"诏桧无罪可待"，却将胡铨罢官。②

在张通古、萧哲到达杭州以前，宋高宗于绍兴八年（1138）十二月一日发了一份《戒谕和诏》，自称"朝虑而夕思，由广询而博访，言或同异，正在兼收"，转而诬蔑胡铨"上封章肆为凶悖……首倡陵犯之风，阴怀劫持之计"，要求百官"勿惑胥动之浮言，庶图长久之大计"。③不难看出，胡铨之奏确实产生了广泛的影响，反映了百官士庶的心声，都不赞成"屈己就和"。

宋高宗所称之"广询而博访"，其实是骗人耳目之言，其实他只是同秦桧谋划如何"屈己就和"之事。因此，曾开上奏指出："陛下又不以辅臣留身之言宣谕于众，上下蒙蔽，唯恐人知，岂不误大事耶。"④这是不点名地指出秦桧在蒙蔽宋高宗"屈己就和"。尹淳在致秦桧的信中，指出"屈己就和"的后果是："人彼益强，我日益削，中国号令，接人虏出，中国废置，皆从虏命"，要求秦桧"勿以小智子义而图大功"。⑤尹淳之言击中了秦桧的要害，秦桧对尹淳产生了切齿之恨。

秦桧与宋高宗"屈己就和"之谋虽已内定，而百官士庶"外论纷然，群起而攻之"，秦桧甚为恐惧。起居舍人勾龙如渊见有机可乘，便献计于秦桧，

① 《三朝北盟会编》卷185，炎兴下帙八十五，上海古籍出版社缩印本，第1339页下栏。
② 《三朝北盟会编》卷186，炎兴下帙八十六，上海古籍出版社缩印本，第1344页下栏、1345页上栏。
③ 《三朝北盟会编》卷188，炎兴下帙八十八，上海古籍出版社缩印本，第1360页上栏。
④ 同上书，第1361页下栏。
⑤ 《三朝北盟会编》卷189，炎兴下帙八十九，上海古籍出版社缩印本，第1367页下栏。

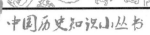

要他选择赞成和议之人主持御史台，这样便可以通过御史台谏，将反对和议之人一一撤职，便可以保证"屈己就和"没有阻力了。秦桧听了此言"大悟"，马上将勾龙如渊破格提拔为御史中丞。秦桧受勾龙如渊的启发，又把力主和议的施廷臣提拔为殿中侍御史。御史中丞和殿中侍御史，职在弹劾百官之过，他们运用手中的权力，大肆打击不赞成秦桧"屈己就和"之人。寺丞莫将，由于打击反对议和的人有功，被提拔为起居舍人。秦桧的这种做法，使舆论大哗，"中外沸腾"。兵部侍郎张焘指出："今（勾龙）如渊、（施）廷臣、将盖（莫将）渐已成群，岂国之福哉？"①然而宋高宗既然是依靠秦桧实施议和，对秦桧的所作所为视而不见，予以放纵和支持。

秦桧为了达到与金国议和的目的，极力排斥赵鼎。赵鼎任尚书左仆射，秦桧任尚书右仆射，位在赵鼎之下。左仆射、右仆射俗称宰相，赵鼎先后两次担任尚书左仆射兼枢密事，行政、军政大权均集中于他一人之手，在朝廷内外很有威信。赵鼎不赞成宋高宗"屈己就和"，与秦桧意见不合，秦桧便极力排斥赵鼎，通过侍御史萧振来挑拨宋高宗与赵鼎的关系，赵鼎被迫辞职。"鼎既去，桧独专国，决意议和。"

枢密副使王庶曾多次上书宋高宗，反对"屈己就和"。他指出："陛下过自贬损，屈辱称臣，遣使进币，项背相望，或构或囚，嫚书额声，无所不至，其困辱可谓至矣。"他还提醒说，即使是"屈己就和"，也未必就能真的实现和平，"远者不出一二载，近或期月，必别生事"。②后来的事实，证明王庶之言是很有远见的。由于王庶极力不赞成"屈己就和"，不愿意与秦桧同流合污，曾七次上书乞免官，最后离开了朝廷，以资政殿学士的身份知谭州（今长沙）。

统兵将领韩世忠，曾四次上书宋高宗，反对与金议和。他提出："不可许，愿举兵决战，兵势最重处，臣请当之。"又指出："今人欲以刘豫相待，举国士大夫尽为陪臣，恐人心离散，士气凋沮。""事系安危，在此一决，委非细事。"③他又提出，要当宋高宗之面，奏说与金议和的利害。韩世忠的意见

---

① 《三朝北盟会编》卷187，炎兴下帙八十七，上海古籍出版社缩印本，第1351页上栏。

② 《三朝北盟会编》卷188，炎兴下帙八十八，上海古籍出版社缩印本，第1358页上栏。

③ 《宋史》卷364，《韩世忠传》，中华书局校点本，第11366页。

也未被采纳，不允许他来行在（杭州）面奏。

尽管朝廷内外、文武百官都反对"屈己就和"，然而宋高宗拒绝了一切反对议和的意见，只听秦桧一人之言，决心"屈己就和"。为了不得罪金国的诏谕江南使，宋高宗提出要满足他们的一切要求，尽管这些要求非常苛刻，使人难以接受。

诏谕江南使张通古是汉族人，原籍易州（今河北易县）。辽天庆二年（宋政和二年，1112）进士及第，曾在辽国做官。他目睹了北宋在征伐燕京战争中的惨败，对宋朝的政治腐朽有深刻的认识。宋朝收复燕京以后，曾邀他出来做官，被他断然拒绝，隐居于易州太宁山下。金军南下之际，知他有才，经过宗翰的多次邀请，他才出山做官，任中京副留守。

张通古在以诏谕江南使的身份使宋时，对宋朝的接待礼仪和规格，提出了许多苛刻的要求。在他还没有进入宋朝境域以前，即派人通知了宋朝。按照当时的外交惯例，有国使入境必须派接伴官陪行，以示尊重。不过张通古提出，宋朝的接伴官要如同拜见金国的皇帝一样，在迎接他的时候，必须跪拜阶墀。途中所经过的州县，州县官也要向金国的诏书膜拜。即使是宋高宗赵构，也不能例外，他必须脱下皇袍，穿着百官的服装，拜接金国皇帝的诏书，宋高宗对金国使臣要行宾客之礼。这些礼仪表明，金国不是把赵构看做是宋朝的皇帝，而是把他降为金国的普通大臣，与张邦昌、刘豫没有什么区别。

宋朝以吏部员外郎范同假太常少卿为接伴官，张通古入境以后，范同要向北跪拜，再问金朝皇帝的起居安好。这种礼仪上的屈节，不仅使宋朝的皇帝，也使军民蒙受了极大的耻辱，"军民见者多流涕"。不过宋高宗赵构，对金国的苛刻要求，却不以为耻辱。他对朝廷大臣们说："若使百姓免于兵革之苦，得安其生，朕亦何爱一己之屈。"

通常是皇帝坐北面南接见使者，宋高宗拟坐北向南，让张通古坐南向北，按照君臣之礼接受金国诏书，为张通古断然拒绝。张通古称："大国之卿当小国之君。天子（指金国皇帝）以河南、陕西赐之宋，宋约奉表称臣，使者不可以北面。若欲贬损使者，使者不敢传诏。"[1]并表示如果座次问题不解决，他就

---

① 《金史》卷83，《张通古传》，中华书局校点本，第1860页。

要返回金国。秦桧唯恐议和不成，劝宋高宗按金国的要求，"行屈己之礼"。宋高宗提出："朕嗣守太祖、太宗基业，岂可受金人册封？"当时群臣激愤，军民汹汹。秦桧看到这种形势，不可迫使宋高宗屈己行礼，于是采纳了勾龙如渊、李谊等人的建议，由秦桧以宰相的身份接受金国的诏书。秦桧按照张通古的要求，将金国皇帝的诏书置于玉辂之中，又"命三省吏服绯绿、腰银，枢密院吏服紫、腰金，尽赴馆候，使人出则咸导、从，使人以为百官也"。[①]于是，张通古宣读了金国皇帝的诏书。诏书的内容是，金国将河南、陕西土地退还给宋朝，宋朝可以派人接回宋徽宗、郑太后的梓宫和宋高宗的母亲韦太后。其条件是，宋朝必须承认金国的宗主国地位，宋朝成为金国的藩属之邦。

宋高宗和秦桧的"屈己就和"结束以后，秦桧派同金枢密院事韩肖胄为大金国信报谢使，随同张通古、萧哲一起北上。韩世忠听说宋金和议已结束，他十分愤慨，准备设伏兵于洪泽，假称是红巾军，等到张通古到达楚州（今淮安）时"劫而杀之，坏其协议"[②]。可是韩世忠的部下有个名叫郝卞的人，得知了这个消息以后，密告了转运副使胡昉，胡昉又把此事告诉了韩肖胄。当时，韩肖胄、张通古一行已过了扬州，他们听到了这个消息，马上改变了行走的路线，改走真如、庐州（今合肥），从淮南西路北上，从而躲过了韩世忠的劫持。事后韩世忠知道是胡昉"漏其谋"，要追杀胡昉，胡昉逃往鄂州（今武汉）。有一个名叫周金的归正人（即降宋的异国人），与张通古是老朋友，他听说张通古险些被劫，便上奏宋高宗要求为之引路作陪，得到了批准。他一直把张通古等人送到金国境内。在途经安丰军（今河南信阳市固安县）时，周金作诗为别：

良人轻一别，奄忽几经秋。
明月望不见，白云徒白愁。
征鸿悲北渡，江水奈东流。
会话知何日，如今已白头。

---

① 《三朝北盟会编》卷189，炎兴下帙八十九，上海古籍出版社缩印本，第1367页下栏。
② 《三朝北盟会编》卷191，炎兴下帙九十一，上海古籍出版社缩印本，第1375页下栏。

三 金兀术南征

绍兴八年（1138）十二月张通古向宋朝宣布退还河南、陕西地不久，金国朝廷发生了重大的人事变动，这种变动与金兀术有密切的关系。据李大谅《征蒙记》所载，当宗盘、宗隽、挞懒决定将河南、陕西土地退还给宋朝时，金兀术尚在河南治兵，没有召他进京听取他的意见。于是，事后金兀术"急赴国朝，整会割还地土"。[①]金兀术向金熙宗揭露宗盘、宗隽、挞懒将河南、陕西地土归宋，是一种叛国行为，挞懒与宋朝有暗中往来。于是，金熙宗以叛国谋反的罪名，将宗盘、宗隽处死。由于挞懒是金熙宗的叔祖父，在征辽伐宋中有大功，便释而不罪，将他打发到燕京行台尚书省去做左丞相，将从宋朝投降的杜充任命为行台尚书省右丞相。

张汇《金虏节要》记载说："（皇帝诏）命初下，挞懒谓使者曰：我，开国之功臣也，何罪而使我与降奴杜充为伍耶？不受命。"[②]挞懒最初想投奔宋朝，宋朝不敢接纳，于是他决定北走沙漠。当挞懒北行到儒州望云县（今河北赤城县北部）凉甸的时候，被金兀术派来的挞不也所追捕，被关进祁州（今河北固安县）元帅府的大狱之中。绍兴九年（1139）八月十一日，挞懒及其家属300余口全部被杀。为了保证有全尸，采用了用帛练勒死的办法。

挞懒在金熙宗初年是都元帅，在挞懒被揭发叛国投敌以后，金兀术升为都元帅，掌握了金国的军事大权。他提出，要收复被退还给宋朝的河南、陕西土地，得到了金熙宗和宗翰的赞成和支持。金熙宗说，如果不用武力收回，

---

① 《三朝北盟会编》卷197，炎兴下帙九十七，上海古籍出版社缩印本，第1422页下栏。

② 同上书，第1420页下栏。

"彼（宋朝）将谓我不能奄有河南之地"，他命令金兀术"宜即举兵讨之"，并诏告中外。

当时，依照和议金军已退出了陕西、河南。此次金军南下，仍分为东、西两路，东路由金兀术统率收复河南，西路由监军撒离曷统率收复陕西。其中以东路军兵力多，战斗最为激烈，受到刘锜和岳飞的有力抗击，屡吃败仗。

绍兴十年（1140）三月，金兀术大军主力由黎阳（今河南浚县）南下，主要将领是韩常、孔彦舟、李成、郦琼、赵荣、王伯龙等人。又别遣一支军队进入河东（今山西），驻兵于岚州（今岚县）、石州（今离石县）、保德军（今保德县），以牵制宋朝的兵力。宋朝在议和以后以为高枕无忧，对金军的南下毫无准备，许多州县官或降或逃。京师（开封）留守孟庚"叛降于金"，西京（洛阳）留守李利用"弃城走"，南京（归德）留守陆允迪出城为金人所俘，知亳州王彦先"叛降于金人"，只有义士李宝在兴仁府（今山东定陶县）渤海庙，于夜间偷袭金兵杀死数百人。

四 顺昌府刘锜大捷

金兵在占领了三京（东京、西京、南京）以后，随即挥师南下，却不料在顺昌府（今安徽阜阳）遭到刘锜的重创，大败而归。

刘锜被任命为东京副留守，从临安出发日夜兼程北上。当他到达顺昌府时，金兵已经占领了东京。当时军中诸将都认为"金兵不可敌也"，提出应当退回江南。刘锜批驳了这种错误的意见，他指出顺昌府粮草充足，有城可守，顺昌知府陈规也助战，故决定在此与金军决一死战。"敢言去者斩！"刘锜"凿舟沉之，示无去意"，把其家属安置在一所寺庙之中，在寺门积薪，提出如果出战不利，"即焚我家"，以示必胜的决心。刘锜所率的士兵，是王彦的八字军，战斗力比较强。士兵听说刘锜死守破敌，受到极大鼓舞，"男子备战守，妇人砺刀剑"，高呼："平时人欺我八字军，今日当为国家破贼立功。"[1]

最先到达顺昌城的金兵，是韩常和三路都统葛王、龙虎大王率领之兵，刘锜令大开城门，金军却不敢贸然而进。刘锜令骁将阎充在夜间率敢死队500人，冲入城东金营，又增兵100人，以竹哨为号，金兵不知宋兵有多少，仓促应战，死伤惨重，"积尸盈野，退军老婆湾"。第一仗取胜，极大地鼓舞了宋兵的必胜信心。

金兀术听说韩常之军在顺昌城被打败，马上率其主力军从汴京来增援，将顺昌城包围。他询问金军失利的原因，得到的回答是："今次南朝兵马非日前比，往往一以当百。"金兀术对此并不相信，他扬言可以用靴尖踢倒顺昌

---

[1] 《宋史》卷366，《刘锜传》，中华书局校点本，第11401页。

城，原来他的主力军是"拐子马"。顺昌城北临颍河，刘锜在颍河上游和河边草丛放了许多毒药，他带信给金兀术，我为你修建五座浮桥，你可以渡河来战。当时正是炎热的夏天，金军远道而来，又饥又渴，马吃草、人喝水，大多人、马中毒，"往往困乏"无力，于是宋军冲入敌军，手持长刀利斧，重点攻击"拐子马"，统制官赵樽、韩直"身中数矢"，仍坚持战斗。"士殊死斗，入其阵，刀斧乱下"。①战斗中金兀术"被白袍，乘甲马，以牙兵三千督战，兵皆重铠甲，号'铁浮屠'……又以铁骑分左右翼，号'拐子马'，皆女真为之，号'常胜军'"。②按照刘锜的部署，攻击的重点是金兀术的"铁浮屠"和"拐子马"，因为金兀术是金军统帅，只要把金兀术打败，金军必然全部溃退。事实正是如此，金兀术的"拐子马"遭到重创以后，他匆忙地"拔营北去"，刘锜乘胜追击，金兵又死伤了万余人。

顺昌之战，金兀术率领10万人，而刘锜只有两万人，大部分守城，出城战斗的只有5000人。刘锜以少胜多，一是刘锜决心死战，与士兵同甘苦、共命运。杨汝翼《顺昌战胜破贼录》记载说，当金兵围城之际，刘锜"城上寝食皆废，阅月之间，略不以家事经意，故能激励军心，皆为之用"。③其二是他与顺昌知府陈规通力合作，巧妙地在颍河水、草中放毒，使金国的军、马饮毒而致人困马乏，极大地削弱了"拐子马"、"铁浮屠"的战斗力。其三他所统率的是王彦的"八字军"，士兵多是河北、河东人，他们的家乡被金军占领，有强烈的复仇心理和爱国主义思想，因此，抗击金兵的战斗力，要比一般的官军坚强得多。

顺昌之战，使金兀术遭到重大挫折。溃散的金军在陈州（今河南淮阳）重新集结。金兀术对顺昌之败十分恼怒，对负有责任的将领进行了惩罚。前锋韩常和翟将军因首战失利，用柳条各抽打数十下；猛安（千户）、谋克（百户）一级的军官，各用柳条抽打百十下。然后，金兵一部分驻守陈州，一部分驻守颍昌（今河南许昌），金兀术及龙虎大王率领主力，退守汴京（开封），

---

① 《宋史》卷366，《刘锜传》，中华书局校点本，第11403页。

② 同上。

③ 《三朝北盟会编》卷201，炎兴下帙一○一，上海古籍出版社缩印本，第1452页上栏。

作进一步南下的准备。在顺昌之战结束以后，金人自言："入中原十五年，曾一败于吴玠，以失地利而败；今败于刘锜，真以战而败，疑是外国借来神兵。"金兀术竟被气出病来，"至泰和（今安徽阜阳市太和县）因得气疾，黄肿下血，居县门楼卧两日"。所谓"下血"，可能是指吐血或便血。到了淮宁府（今河南周口市淮阳县），龙虎大王才敢同金兀术交谈，他说："不当南来，亦如南人深入我地，兀术无言。"①

五 颍昌府岳飞大捷

与此同时，宋军在其他州县与金军交战，也取得了一定的胜利。岳飞部将张宪攻克了颍昌府（今许昌市），杨成攻克了郑州，张俊攻克了亳州（今安徽亳州市），张宪、韩清攻克了西京（今洛阳）。此后，金兀术在郾城、临颍被岳飞打败，损失惨重。金兀术与龙虎大王议兵事，他认为："诸帅易与，独（岳）飞不可当"，如果集中兵力打败岳飞，就会"中外间之"，使宋军"大惧"。金兀术集中了所有的"拐子马"出战，岳飞作好了破坏"拐子马"的准备，向金兀术挑战。"兀术怒，合龙虎大王、盖天大王与韩常之兵逼郾城。"岳飞之子岳云"领骑兵直贯其阵……鏖战数十合，贼（指金兵）尸布野"，步兵则携带麻札刀入阵，专门对付敌人的骑兵，使"拐子马"伤亡严重。金兀术为之痛哭流涕地说："自海上起兵，皆以此胜，今已矣。"[①]

金兀术从郾城败退以后，又集中了镇国大王、韩常率领的金兵三万人，去围攻颍昌府（今许昌市）。颍昌府在汴京（开封）西南，地处南北交通线上，地理位置十分重要，岳飞的主力部队驻此，约有三万人，与金军的数量相等。战场在颍昌府城西，开战时"（岳飞）以骑兵八百挺前决战，步军张左右翼继之，杀兀术婿夏金吾、副统军粘没索孛堇"[②]金兀术看到伤残严重，不敢恋战，逃往朱仙镇。岳飞的大军乘胜追击，到达了朱仙镇（在今中牟县境内），距离汴京只有45里。金兀术又从朱仙镇逃到汴京，岳飞正要攻

---

① 《宋史》卷124，《岳飞传》，中华书局校点本，第11389页。
② 同上书，第11390页。

打汴京之际，却接连收到宋高宗发来的"十二道金牌"，令他停止进攻，马上班师。

金军在郾城、颍昌城的大败，动摇了金国的军心和民心。"自燕以南，金号令不行。兀术欲签军以抗飞，河北无一人从者。"金兀术哀叹说："自我起兵以来，未有如今日之挫衄。"①军中汉族人将领王镇、崔庆、李觊、崔虎、华旺等，"皆率所部降"。龙虎大王部下千户高勇之属，"皆密受（岳）飞旗牓自北来降"。甚至金兀术的左右手、昭武大将军韩常，也表示要向岳飞投降。河北的忠义军（民兵）受岳飞的影响，也都自发地起来打击金军，收复了垣曲、翼城、赵城诸县。这种形势对宋朝收复丧失的国土十分有利，故而岳飞发出了"直抵黄龙府，与诸君痛饮尔"的豪迈誓言。然而在岳飞被召回以后，这一切都化成了泡影。

金兀术挥师南下的目的，是要重新占领河南、陕西地，在其军事征讨不利的情况下，金兀术曾先后四次致函宋高宗劝降，要求他割让土地，岁贡银绢各25万两、匹。宋高宗为了保住自己的帝位，赶紧向金兀术上《誓表》，答应了金兀术提出的全部条件。《誓表》的原文，见于《金史·宗弼传》，其全文如下：

臣构言，今来划疆，合以淮水中流为界，西有唐、邓州割属上国。自邓州西四十里并南四十里为界，属邓州。其四十里外并西南尽属光化军，为弊邑。沿边州城，既蒙恩造，许备藩方，世世子孙，谨守臣节。每年皇帝生辰并正旦，遣史称贺不绝。岁贡银、绢二十五万两、匹，自壬午年为首，每春季差人般（搬）送至泗州交纳。有谕此盟，明神是中联部殛，坠命亡氏，踣其国家。臣今既进誓表，伏望上国早降诏，庶使弊邑永有凭焉。②

《誓表》将河南（黄河以南、淮水以北）和陕西大散关以北的土地，永久地割让给金国，与石敬瑭割让燕云十六州给辽国相似。"世世孙孙，谨守臣

---

① 《宋史》卷124，《岳飞传》，中华书局校点本，第11390页。
② 《金史》卷77，《宗弼传》，中华书局校点本，第1755—1756页。

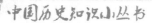

节"，表明金国是宗主国，宋朝成为其臣属政权，必须尽臣子之礼。贡银、贡绢、贺皇帝生辰和正旦，是藩属应尽的义务。宋高宗的地位，与刘豫是相同的，没有什么两样。因此，金国给宋高宗的册文，称宋康王赵构，而不称大宋皇帝。

宋、金议和立盟，是在绍兴十一年（1141）十一月。故后世史家称之为"绍兴和议"。"绍兴和议"是宋高宗屈节投降的结果，受正统思想影响，许多人认为这是奇耻大辱。不过和议的签订，战争的结束，和平局面的出现，既有利于宋、金两方经济文化的恢复和发展，也减少了广大人民群众的战争之苦。从今日的角度来看，这未尝不是一件好事。

第十六章

金兀术的后人

一 金兀术之子完颜亨

金兀术（宗弼）之子名叫完颜亨，女真名叫孛迭，《金史》有传。完颜亨在金熙宗时代被封为芮王，系猛安之长，又加官银青崇禄大夫，甚受重视。芮王属于小国封号一种，非宗室成员不得封。完颜亮篡位以后，"以亨为右卫将军"，属于皇帝的近侍。完颜亨有乃父之风，"性直，材勇绝人，喜自负"，[①]从而引起了完颜亮的不满和疑忌。于是，完颜亮认为完颜亨不可靠，放在身边很不安全，将他调离上京会宁府，去任中京留守、东京留守、广宁尹。即使如此，完颜亮仍然很不放心，最后命令李老僧（是协助完颜亮刺杀金熙宗的主要凶手，被列入《金史·逆臣传》），构罪诬陷杀害。正隆六年（1161），完颜亮又派人杀害了完颜亨的王妃徒单氏、大氏及其子羊蹄（羊蹄为乳名）。

完颜亨的家人看到完颜亮如此狠毒暴戾，担心自己也会遭到毒手，便很快离开了上京会宁府，西迁到平凉府（当时属凤翔路）定居下来，直到今日前后已840余年。完颜亨家人西迁平凉的原因有二：一是金朝初年宗弼伐宋至此，其部将有在此做地方官者；二是平凉距上京遥远，上京在东北，平凉在西南，彼此相距万余里，可以防止完颜亮的追杀。泾川的完颜村，便是由此而来。

甘肃平凉完颜村有二，都在泾河北岸，泾河，即古称泾渭分明之泾水，完颜村共有完颜氏居民926户、4180人；此外，迁居陕西、新疆外地者，还有

---

① 《金史》卷77，《完颜亨传》，中华书局校点本，第1756—1758页。

20余户、120余人。两者合计共为946户、4300余人。人口如此集中的完颜氏村落，在全国也是非常罕见的。完颜氏村民自称，他们是完颜亨的后人，对于这种说法，最初我是半信半疑，不过从当地的一些遗迹来分析，上述这种说法似可以成立。

完颜村北，有一座大山，名叫九顶梅花山，在九顶梅花山下，即山的南麓，有一座古代的坟墓。古坟北依大山，南临泾河，风景极佳，实属风水宝地。这座古坟一直被称作芮王坟，金代完颜亨被封为芮王，芮王坟应即完颜亨之坟墓。[①]这从坟地规模之大，石刻之种类、级别，可以看得出来。

坟前原有石柱、石兽、石碑等物，20世纪40年代尚存，后来被毁坏，现在已不存。这些石柱、石兽、石碑，是金代诸王以上的宗室贵族墓地，才允许设立的。特别是石柱，在一般民间坟墓前是不许设置的，石柱即石望柱，是皇帝、诸王陵墓的标志物，从很远的地方即可以看到，故称望柱。按古代礼制，文武百官见到望柱就需要下马、下轿，以示尊崇。有石望柱的金代墓葬，保留至今者为数很少，其中以吉林舒兰县完颜希尹家族墓地保存最为完好。完颜希尹属于金朝开国元勋，是女真文字的创制者，被封为陈王，陈王、芮王都属于一字国王，其墓地的等级是一致的。芮王坟的石雕与完颜亨的国王身份、封爵是相符合的。

此外，在完颜村中还有芮王嘴、芮王坪之类的地名，与芮王坟是一致的，都是以芮王得名。这些地名都是当地居民世代相传，非完颜姓氏居民也是如此称呼，从而表明完颜村民应当是完颜亨的后人。

金代王公贵族除王妃以外，还有许多媵妾，有许多嫡生、庶生的子孙，组成了大家族。徒单氏、大氏属于完颜亨的正妃、次妃，其媵妾不知有多少。被完颜亮所杀羊蹄，应属于嫡子，此外，还应有庶子若干。泾川县完颜村，应当是完颜亨的庶出子孙之后。

---

① 完颜玺：《九顶梅花山下完颜家族守墓800年》，《西部商报》2003年2月24日。

二 关于无字碑的解读

在芮王坟中有高大的石碑，在当地十分少见，因此，当地人将这里称作"碑子坟"。石碑一般都刻有文字的。可是，芮王坟的石碑虽然高大雄伟，却不见刻有任何文字，成为一大谜团，①令人感到神秘莫测。那么，这石碑为什么不刻有文字呢？无字碑上凝结有什么信息？我们如何解读它？

芮王坟的无字碑，在我国不是最早的无字碑，陕西乾陵（唐高宗李治与武则天的合葬墓）前有高大的无字碑，引起了许多人的种种猜测。许多人认为，武则天自认为功德无量，难以用文字记述，故而别出心裁，立了一座无字碑。这种看法未必属实。笔者的看法有些不同。笔者认为武则天陵前立高大的无字碑，是因为有难言之隐。武则天以女后篡位自立，在中国历史上是第一人。虽然在此前此后有母后掌权者为数很多，例如汉代的吕后、蒙元的六皇后、清代的慈禧太后等，但是，均未自称皇帝，只有武则天改国号为周，自称为皇帝，又颁布了年号，是名副其实的女皇帝。她的这种做法，遭到举国一致的反对，骆宾王甚至公开传檄声讨。武则天虽然靠她的淫威维持了21年统治，不过她自然会想到，这种违制的行为，在她死后会遭到天下人的唾骂和谴责，碑文是难以撰写的，无人敢为她歌功颂德，甚至会加以辱骂。这就是说武则天有难言之隐，最好的办法是立无字碑。

芮王坟前立无字碑，也是有难言之隐，芮王的家人，是为了躲避完颜亮的杀害逃到此地，岂敢在墓碑上记述墓主的身份和事迹，如果暴露了真实身

---

① 张庆信：《完颜村纪事》，《甘肃日报》2001年10月24日。

份，将会引起挖坟掘墓的下场，其家人也会被诛杀。立无字碑，一方面可以显示墓主有诸王的显贵身份，另一方面隐去了真实姓名和事迹，能够免遭不测。这就是说，芮王坟的无字碑与武则天的无字碑一样，都是有难言之隐而采用的巧妙办法。

三 儿童游戏中所反映的历史原型

完颜村的民风民俗，仍保留有金代女真人的某些特点，其居住地区偏远封闭，交通不便，教育落后，与外界联系少，是女真故俗得以保留下来的重要原因。不过从这些风俗中，却可以反映出历史的原型，加深对完颜村的认识和了解，今以儿童游戏为例，稍加说明。

在儿童游戏中，有连环战马攻城。儿童分为甲、乙两队，一队守城，一队攻城。所谓夺城是在空场地上画出来的城池，有内城、外城之分。按事先规定好的游戏规则，一方守城，一方攻城，或以守住城者为胜，或以攻入城者为胜。攻城者有人装扮的战马、战车，还有坐车指挥的元帅。①这种儿童游戏，真实地反映了女真人的尚武精神，再现了女真人的疆场生活。史称，女真人"俗勇悍，喜战斗"。宗弼戎马一生，大部分时间是在战场上度过的。战功赫赫，屡建功勋。其家人以此为荣，故而其家族子弟竭力模仿战场生活，出现了以攻城、守城为内容的儿童游戏。这种游戏，显然是世代相传，应是从金代遗留下来的。普列汉诺夫说："不论在人类和动物那里，幼龄的个体的游艺戏，是对于个体和整体族类都有益的那些特性的一种练习"；"澳洲土人的儿童常常玩战争的游戏，而且这种游戏极受到成年人的鼓励，因为它锻炼未来的战士的机警和敏捷。"②完颜村的儿童游戏也是如此，它反映了完颜村民对其祖先疆场生活的回忆和追念，借以增强本族人的团结和内聚力。

在攻城、守城游戏中，不断有言语问答之词。问：我要虎娃娃出阵？答：虎娃娃不在。问：虎娃娃上哪了？答：上白山了。问：白山在哪？答：化

---

① 张庆信：《完颜村纪事》，《甘肃日报》2001年10月24日。

② 普列汉诺夫：《论艺术（没有地址的信）》，生活·读书·新知三联书店1964年版，第77页。

成水了。问：水在哪里？答：进黑水了。问答中的白山，应是长白山；问答中的黑水，应是黑龙江。白山、黑水是女真人的发祥地，白山、黑水的问答，反映出完颜村民尚记得他们是从白山黑水之间移居到此地。发源于长白山脉的乌苏里江，最后注入了黑龙江，问答中说白山之水进入黑水，所反映的正是这个事实。这种游戏中的问答，反映出完颜氏遗民不忘其故国，是对白山黑水的追思和赞美，具有深刻的社会历史意义。

四 结语

甘肃泾川完颜氏，属于完颜亨的后人，而完颜亨是宗弼之子、金太祖之孙。因此，可以说泾川完颜氏是金兀术的后人，属于金朝完颜氏皇族。北京的完颜氏，是金世宗完颜雍的后人，完颜亨与完颜雍同辈，他们属于堂兄弟，均是金太祖之孙。

泾川完颜氏的存在，再次证明了金朝灭亡以后，其皇族没有被赶尽杀绝，仍有一部分保留下来，一直延续到现在。北京的完颜氏，由于长期居住在北京城中，在生活方式上受汉族影响至为深远，本民族的特点几乎大部分丧失。甘肃平凉的完颜氏则有所不同，他们久居农村，在生活上、心理上，仍然保留有金代女真人的某些特点，应该引起历史学界的重视。

除北京和甘肃泾川的金朝皇族以外，在其他省、市、自治区，也可能会有金朝皇族后裔。特别是金源内地，即今黑龙江阿城市一带，是金朝完颜氏宗室聚居之地，应当有其后人存在，很可能改姓王氏。

各方面的历史学家，都应当留心此事。历史研究涉及民族源流问题，"源"指其来源和发展，"流"指其后人去向和存亡。中国自古以来便是统一的多民族国家，这是中国历史发展的显著特点。只有加深对现实少数民族的研究，妥善处理好各民族关系，增进各民族的大团结，才能顺利实现民族和谐的社会主义小康社会。

附：甘肃泾川县完颜氏宗谱图考

（一）宗谱图为完颜承晖后人所作

1991年12月，我收到了甘肃泾川县完颜高正的来信。这封信很长，介绍了泾川县完颜氏的情况。其中有一段关于宗谱图的文字很重要。他说：

> 我们是完颜氏族后裔，在这里定居不知有几百年的历史。我保存一幅宗谱图，长2.4米，宽2米，由5幅黄色粗布缝合而成。上绘有金太祖完颜旻、金太宗完颜晟（吴乞买）、金熙宗完颜亶、金废祖完颜亮、金世宗完颜雍、金章宗完颜璟、金主完颜永济、金宣宗完颜珣、金哀宗完颜守绪、金末（末）主完颜承（麟）十代君主。中间下方最大像，大概叫完颜承晖，字已不清。（括号之字为引者所加）

完颜高正邀我前去考察完颜氏，对他收藏的这份宗谱图进行鉴定。当时我正在进行《皇裔沉浮》一书的撰写，随即把此信附录于书后，并加了简短的按语。① 由于当时没有见到宗谱图原件，按语写得简单，指出："泾川县完颜氏与宗谱图上完颜承晖的关系，在没有其他的佐证材料以前，很难做出判断。"②

2005年5月，我又收到了兰州满族联谊会副会长完颜玺的来信，并附有《兰州满族》（内部刊物）一册，③ 在封三刊出了"完颜家族世代遗像"。此即

---

① 景爱：《皇裔沉浮——北京的完颜氏》，学苑出版社2002年版，第127—131页。

② 同上书，第130页。

③ 兰州市满族联谊会编：《兰州满族》第12期封三，2003年5月。

完颜高正所称的完颜氏宗谱图，又被称作"先人影"。据说，在此"先人影"上，今人又补绘了宗弼（金兀术）等许多人的图像，该宗谱图已非原貌。不过人物分布的格局，并没有受到太大的影响。照片尺寸很小，细部不太清楚，特别是标明人物身份姓名的文字，非常细小模糊，很难识别。尽管如此，它仍然是具有很高的学术研究价值，今试作考证如下。

图上所绘人物，共有36人之多，其中计有皇帝10人、大臣26人。这些人物自左至右排成5行，自上至下排成4列。均着官服，衣冠楚楚，据说是彩色人物像（不知原来如此，还是今人填色）。自上而下基本上是按时代先后次序排列，与宗谱世系相似，故而完颜高正称之为宗谱图。在照相技术没有出现以前，人们只能用绘画来记录、保存人物形象。所谓"先人影"，即由此得名。在汉语中，"影"是指描摹而言，故而照相又称留影，许多人在一起照相又称合影。

在"先人影"上，人物的分布格局是别具匠心，颇费思考，从中可以看出一些道理来。

在自左而右的5行中，最重要的是中间的一行。这一行自上而下依次是金太祖完颜旻、金太宗完颜晟、金末帝完颜承麟、右丞相完颜承晖。在金太祖、金太宗、末帝之左右，各有2—4名大臣侍立；在完颜承晖的两侧，有6名官人侍立。其余的皇帝，则依此行为中心，分列在左右两侧，似按昭穆排列。皇帝之像皆正襟危坐，大臣之像多侧身侍立，其身份之区别十分明显。这种人物布局，与庙堂相似。

皇帝的家庙称作宗庙，在上京者称太庙，在其他诸京称原庙。在古汉语中，"原"为再的意思，再立之宗庙称原庙。裴骃《史记集解》称："谓'原'者，再也。先既已立庙，今又再立，故谓之原庙。"①金代皇帝宗庙，以上京最早，故称太庙。其他宗庙，则称作原庙。宗庙是皇家宗族祭拜的场所，其中有始祖庙、世祖庙、太祖庙、闵宗（熙宗）庙、世宗庙，等等。在宗庙中，皆供奉皇帝的神主，又称御容，即木雕的人像，多以栗木制作，由于栗木

① 《史记》卷8，《高祖本纪》，中华书局校点本，第393页。

木质坚实，容易雕刻的缘故。①

　　据记载，在宗庙中以太祖庙和世祖庙规模比较大，除正堂以外，其前方还建有左、右两庑，在两庑中图绘功臣遗像，称作配享功臣。配享功臣在天德、明昌年间数量有所不同，略有增减。功臣遗像，是在布上绘画，每人一幅。泾川县所保存的宗谱图，皇帝两旁有大臣立像，与宗庙中的配享功臣相似。由此可以断定，此宗谱图应是庙堂中供奉之物，供族人祭拜而设。此物不会是皇帝宗庙所有，而应是大臣家庙之供物。官宦之家也多建有家庙，这在古代是常见的，陆游诗中就有"家祭勿忘告乃翁"之句。

　　完颜高正在信中提出了此宗谱图为何人所绘的问题。关于这个问题，我们从宗谱图的人物布局上可以找到线索。宗谱图正中的下方绘有完颜承晖的画像，而且是宗谱图中尺寸最大人物画像，比金太祖、金太宗的画像还要大许多。承晖不是皇帝，何以排列在金太祖、金太宗、末主承麟之后？又何以画得特别大？它说明绘图的人同承晖有密切的关系，极力凸显承晖的地位。由此可以断定，此宗谱应是完颜承晖的后人所制作，故而特别突出完颜承晖，给予他特殊的地位。

　　完颜承晖字维明，于金世宗、章宗、卫绍王、宣宗时代，一直在朝廷中做官。贞祐二年（1214），金宣宗迁都南京（开封）之际，拜承晖为右丞相，兼都元帅，封定国公，受命与皇太子完颜守忠留守中都。不久，皇太子南逃，蒙古大军兵临城下，诸将领降的降，逃的逃，再加上朝廷中术虎高琪从中干扰破坏，结果中都失陷，承晖饮药自尽。他死后，被赠中书令、广平郡王，谥忠肃。其子永怀官器物局直长，其孙撒速官奉御，都在皇帝身边任职。《金史》记载，承晖自尽以前，曾"辞谒家庙"，②可知完颜承晖，有家庙。此幅宗谱图，既绘出了10代皇帝，表明承晖一族始终忠君爱国，以忠孝传家；又凸显了承晖的形象，表明了对承晖的特别尊崇，是承晖子孙绘此宗谱的明证。为了突出完颜承晖，承晖的先人没有在宗谱中出现，这一点特别值得深思。

　　在此宗谱图上，没有绘出承晖之子永怀、其孙撒速之图像，是因为在绘

①　《金史》卷30，《礼三》，中华书局校点本，第729—730页。
②　《金史》卷101，《承晖传》，中华书局校点本，第2226页。

制此宗谱图时，大概他们两人仍然健在，活人是不能进入宗谱图内。在宗谱图上绘有末主完颜承麟之像，据《金史》记载，完颜承麟只当了一天皇帝即被乱兵所杀。由此可以断定，这幅宗谱图应绘制于金朝灭亡以后，其绘制的具体年代，目前无据可考。这部宗谱图应是供奉于家庙之中的圣物，在国破家亡以后，流落到了泾川县。

（二）宗谱图来自开封

关于此宗谱图的来历，完颜高正在信中提出了两种说法：

这个图谱据老年人说，是有一个人从哪里抢来的，背在身上找到这里。我们这个部族将这个人养老，死后埋在太平塬上，每年还要上坟祭奠一回。又有人说是从南京送来的。总之，再无文字记载，也无家谱。[①]

我们分析一下这两种说法的可能性。抢来一说，未说明是从哪里抢来的？是什么人抢来的？为什么要抢这个东西？这些都是未知数，只能是一种传说而已，未必可靠。从南京送来一说，比较可信。这里所说的南京，不是现在江苏省会南京市，在金朝末年今南京市称建康府。这里所说的南京是金朝的南京，即今河南开封市，当时是金朝的临时首都。完颜承晖的子孙，就在南京城中做官，他们后人在金朝灭亡以后，大概仍然居住在南京城中。在蒙古人占领南京以后，完颜承晖的后人绘制了这幅宗谱图。为了防止它落入蒙古人之手，将它送到平凉完颜氏手中保存，是完全可能的。泾川完颜氏是在海陵时西迁至此，海陵在瓜州渡被部下完颜元宜所杀以后，泾川完颜氏所担心的种种危险解除了，其为完颜亨后人一事，逐渐外传到南京，为完颜承晖的后人所知。这里远离蒙古人，将宗谱图送到这里保存，应是比较安全的地方。所谓"南京送来"一说，应是完颜承晖的后人从南京送到此地。因此，我怀疑在传说中"抢来"宗谱图的老人，很可能就是从南京送宗谱图的人。不过，在传说中将这同一件事，误说成是两件事。

如果上述判断不误的话，那么此事可以反映出在金朝灭亡以后，泾川完

---

① 景爱：《黄裔沉浮（北京的完颜氏）》，学苑出版社2002年版，第128页。

颜氏的由来已为许多金朝故臣遗老所知，其声名远扬，已今非昔比。不过，泾川完颜氏不能因为保存有这幅宗谱图就被说成是完颜承晖的后人，他们应是金兀术之子完颜亨的后人，对此必须要有明确的认识。现在没有根据能证明泾川完颜氏是完颜承晖的后人，更不是什么完颜承鳞的后人。如果将来能够发现新的资料，还可以重新来讨论这个问题，目前的认识只能如此，当然不能说是最后的结论。

图1　完颜氏宗谱图原件

图2　完颜氏宗谱图复制本

关于完颜氏宗谱图的说明

这里展示了甘肃平凉泾川县完颜村两幅完颜氏宗谱图。

其一是宗谱图的原件，即完颜高正来信所言者。长2.4米，宽2米，由5幅黄色粗布缝合而成。据说金代遗留下来的宗谱图，到了明代已腐朽残破，故而明代依原式又复制了一件，保留至今。这幅宗谱图，曾在甘肃《平凉日报》2003年7月17日刊出。

其二是2002年完颜氏村民请齐敏轩重新绘制，长9尺，宽7尺，比原件稍有放大。在新绘的宗谱图上，于完颜承晖的上方，增加了完颜宗弼及完颜亨、徒单氏，以凸显完颜宗弼的地位。这幅宗谱图保存于新修建的完颜氏宗祠中，又曾刊于《兰州满族》（内部刊物）第12期（2003年5月）。

后 记

家里大人爱读书，购买了许多经史子集类的图书，还有古典小说，其中便有《说岳全传》。我记得那是线装折页铜版，纸很薄，文字清晰，很可能是清末或民国初年刻印本，此书后来毁于战火。由于家里有《说岳全传》，课余常读此书，因为书中的金兀术和岳飞的故事，给我留下了很深的印象。我还听过关于《说岳全传》的评弹，俗称"大鼓书"。因此，金兀术、岳飞、牛皋的故事，我从小就很熟悉，曾认为那是真人真事。

后来我读大学、读研究生，看了许多历史书，才知道《说岳全传》中有许多内容是虚构的，与历史记载不符。因此，在读研究生期间曾应约撰写一篇题作《金兀术》的文章，刊发在黑龙江人民出版社的《文化知识》上，记述了金兀术真实的历史，旨在纠正《说岳全传》对金史的歪曲和对女真人物的丑化。

自20世纪80年代起，我转向沙漠研究，为了研究沙漠的变迁，我多次进入内蒙古进行科学考察。在那里我听到蒙古族对民间艺人讲述的《岳飞传》很有抵触情绪，他们甚至将收音机掷地砸碎表示气愤，大骂讲述《岳飞传》的人是狗娘养的。此事引起了我的深思，对金兀术的丑化，极大地伤害了蒙古牧民的感情。蒙古人与女真人不是同一个民族，为什么他们不赞成丑化金兀术呢？这叫物伤其类。由此我想到，应当正确地叙述我国少数民族的历史。受大汉族主义的影响，以前许多史学著作，包括历史教科书，在记述宋、金关系时，常常将岳飞称作民族英雄，显然是不科学、不准确的。据悉，现在的中小学历史教科书不再称岳飞是"民族英雄"，是很有道理的。有人说，汉族很早就融合了许多少数民族，在南宋时就已经成为"多民族共同体"了，因此，岳飞是那个时代中华民族的民族英雄，也就毋庸置疑了。这种认识和说法是很片面的，稍有历史知识的人都会知道，汉族的民族共同体和中华民族是两个不同的概念，不能用汉族民族共同体来代替中华民族。如果用汉族来代替中华民族，岂不是将历史上的少数民族和当代的少数民族，统统由中华民族中驱逐出去，其政治后果将会如何？这是人们都很清楚的。不能再用新的大汉族主义来伤害少数民族的感情，维护五十六个民族的大团结，是构建民族和谐大家庭的政治基础，新闻出版部门不能出版有害民族团结的书刊，广大公众应当自觉地抵制那些伤害民族感情的书刊。

撰写《历史上的金兀术》，其宗旨是如实地向读者介绍金朝的历史，消除历史上遗留下来的偏见和误说，这并不是轻而易举的事情。为了忠实于历史，一些重要的记述援引了原文，并详细注明其出处，因为事实是最有说服力的。囿于闻见和水平，可能会有疏漏，尚望方家学者予以批评指正。

大概是2005年某日，在欢迎台湾中兴大学王明荪教授光临的宴会上，有中国社会科学出版社总编室主任王浩先生在座，我向他介绍了撰写金兀术的设想，引起了他的重视，表示愿意出版此书。此后我一直忙于长城的写作，未能动笔。2006年王浩先生提起此事，我才考虑如何撰写，又仔细听取了王浩先生关于本书的构想。于是，2007年动笔写作。承孙文正同志帮助抄录了关于金兀术的传说，又承苗天娥同志帮助用电脑录入书稿，责任编辑对书稿加工润色，付出了很大努力，在此向王浩、孙文正、苗天娥以及责任编辑丁玉灵诸同人一并表示深深的谢意。

景爱

于京西银杏书屋

2007年7月11日